羽生結弦

未来をつくる

羽生結弦　厳選フォト

能登直（a presto）：撮影

Sportiva フィギュアスケート増刊
2015年10月29日発売　表紙

Sportiva
フィギュアスケート増刊
2015年12月22日発売　表紙

Sportiva フィギュアスケート増刊
2016年4月22日発売　表紙

Sportiva フィギュアスケート増刊　2018年1月11日発売　表紙

Sportiva フィギュアスケート増刊　2019年11月8日発売　表紙

Sportiva フィギュアスケート増刊
2019年4月4日発売　表紙

Sportiva
フィギュアスケート増刊
2018年5月10日発売　表紙

羽生結弦　未来をつくる

はじめに

２０１０－２０１１年シーズンのシニアデビュー。そこから、瞬く間に世界の頂点まで駆け上がった羽生結弦。その急激な進化はあまりに印象的だった。

16歳の少年は、世界のトップに「追いつき、追い越したい」と、急速に成長していく。それを19歳で果たすと、王者としてのプライドを持ってさらなる高みを目指し、世界を牽引する意欲を見せた。

そして、２０１８年の平昌《ピョンチャン》五輪で、66年ぶりの五輪連覇を達成。

ときにはアクシデントや重大なケガに苦しむこともありながら、「挑戦し続ける競技者ゆえの宿命」と受け入れる。ときには〝荒ぶる心〟を前面にむき出しにして、新たな挑戦をする。そしてときには、自分の状況を冷静に見極め、そのなかでの最高の演技を目指して、それを実践する。心の強さを持つ王者は、常に新たな扉を開き、進化を希求する気持ちが衰えることはない。

不世出のスケーターの心の中で明確になってきた〝理想のフィギュアスケート〟。それを追求し続ける姿を、リアルタイムで見続けることができる私たちは、本当に幸せなのだと感じる。

スポーツジャーナリスト　折山淑美

CONTENTS

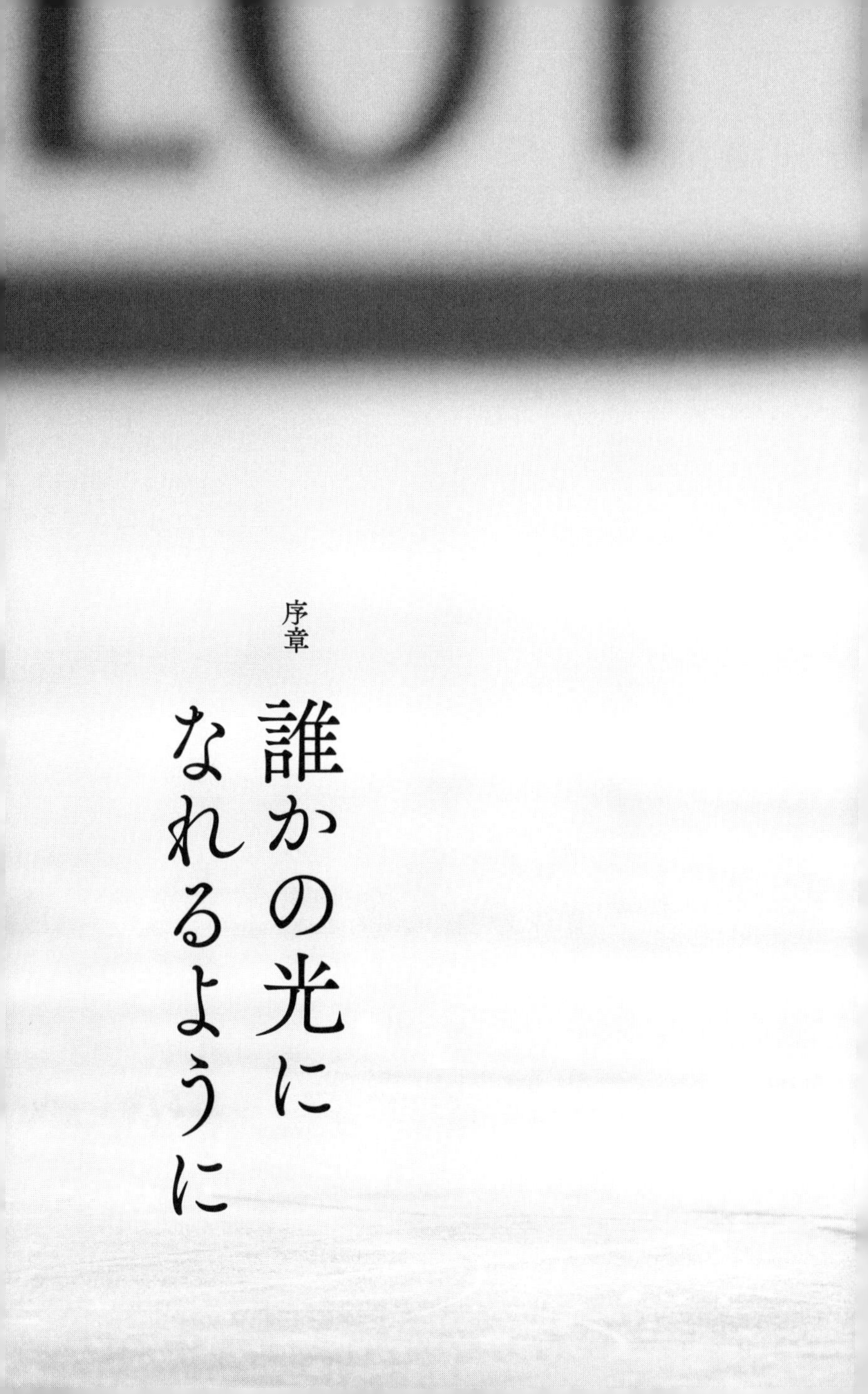

序章

誰かの光になれるように

葛藤を抱えて

2020-2021年シーズンのフィギュアスケートは他の多くのスポーツと同様、新型コロナウイルス感染拡大の影響を受けた。GP《グランプリ》シリーズへの参加は、各選手1大会に限定。開催国の選手及び開催国で通常練習している選手、審判、大会役員、各エリアの地域的条件を満たし招待された選手のみ出場が可能となった。さらに、予定された6大会のうち2大会が中止となった。

そうしたなか、羽生結弦はGPシリーズ欠場を決断。21年3月24日（現地時間）からスウェーデン・ストックホルムで開催された世界選手権は、20年12月下旬の全日本選手権以来シーズン2大会目の出場だった。そして、その心の内は複雑だった。3大会ぶりの優勝を目指した世界選手権の公式練習後にこう語った。

「家を出る直前に地震があって乗車予定だった新幹線を使えなくなったので、それから飛行機の便を変えたりして大変でした。なので、練習プランはちょっとズレているかなと思うけれど、こっちの氷ともしっかり対話できましたし、いい感覚で最後は終われました」

24日の開幕を前に、開催地のストックホルムへ21日に到着。翌22日昼にメインリンクで行なわれた最初の公式練習には参加しなかったが、同日夕方、サブリンクの公式練習には姿を現わした。

公開された公式練習の映像はフリー『天と地と』の曲かけで、しっかり跳んだジャンプは中盤の3回転ループのみ。その他はタイミングを合わせて1回転から半回転にとどめ、曲の最後まで通しで滑った。

「最初はちょっと気合が入りすぎたというか、空回りみたいなものがあったので、自分のことをいろいろコントロールしながらでした。もちろん、今回はブライアン（・オーサーコーチ）やトレイシー（・ウィルソンコーチ）もいるのでしっかり話を聞き、自分のペースを守りながら練習できたと思います。気持ちとしてはわりと淡々としていて。（ストックホルムに）来るまでは自分自身思うことはあったんですけど、現地に来て滑るからにはやっぱり、何かしら意味のあるものにしたいなと思います」

〝淡々と〟という言葉が似合う曲かけ練習の滑りは、力感やキレもあったが、「今は感覚がすごく整っているわけではないので」と、まだ気持ちの高ぶりのようなものはなかった。

「いい演技をしたいとは思っていますが、（優勝した20年12月の）全日本選手権みたいにという気持ちは特になく、ここはここで練習してきたことをしっかり出せればいい。これからちょっとずつ感覚と身体を整えながらいい演技をしたいというのが、今の素直な気持ちです。北京五輪の枠取りには最大限貢献したいです。あとはとにかく、自分が目指しているいい演技を毎日ひとつずつ重ねていって、グラデーションのようによくなっていってくれればと思っています」

また、もっとも重要なのは「健康な状態でこの試合を終わらせること」と、ショートプログラム（ＳＰ）とフリー、エキシビションをしっかりと滑り、メッセージのあるものにしたいと考えていた。

「まずは自分が納得できる演技をすることが大前提だと思います。今の自分の身体と対話をしながら、整えながら。そこまでたどり着いてこそ、皆さんに何かが伝わる演技だと思うので、それまでは今やるべきことをやっていきたいです」

23日の公式練習では4回転ループをしっかり降り、SPの『レット・ミー・エンターテイン・ユー』の曲かけ練習では少し力を使うジャンプには見えたものの、4回転サルコウと、4回転トーループ＋3回転トーループをきれいに決めた。焦らず、自分のペースで着実に身体と気持ちを整え、最初の舞台である25日のSPへ。冷静な気持ちで大会に臨もうとしていた。

「こういう時代だから、楽しんでもらえる演技を」

コロナ禍の世界選手権は、無観客で外部との接触を完全に遮断する「バブル方式」で行なわれた。

「北京五輪の（日本の）枠取りには最大限貢献したい」と話し、19年のGPファイナル以来となるネイサン・チェン（アメリカ）との対決について聞かれても、表情を変えず冷静にこう述べた。

「今回はそんなに『結果、結果』という感じはなくて、とにかく何の不安もなく無事に日本に帰れればいいと思います」

欠場した18年とコロナ禍で中止になった20年を含めれば10回目の代表選出。また、東日本大震災から10年の節目の時期に開かれる大会でもあった。大会自体は、新型コロナウイルス感染拡大が続くなか、特殊な状況での開催。22年北京五輪の国別出場枠獲得に関しては「全日本王者としての責任を果たしたい」との思いが強く、勝負の場というより「この時期のこのプログラムを通して何かのメッセージを伝えて、心が動くきっかけになれば」と、観る人たちに、伝えることを強く意識していた。

大会前は、前人未到の大技である4回転アクセル（4回転半）をフリーに入れたいと考え、「2月末までに1回でも降りられれば入れる」と決めていた。だが、その予定をギリギリまで延長して日本出発3日前まで粘ったものの、今回は断念。それでも、SPは「全日本選手権よりリラックスしているところもあり、逆に緊張しているところもありました。もっとよくできたところは多々あると思うけれど、演技内容自体は満足しているし、出し切れたと思う」という滑り。

SPの『レット・ミー・エンターテイン・ユー』は、「（コロナ禍の）こういう時代だからこそ、皆さんに楽しんでもらえるものを、と思って選んだ」プログラムだ。

「曲が持っているエナジーを身体全体にいき渡らせて表現したい。お客さんがいなくてコネクトするのは難しいですが、一つひとつの振りに（観客と）つながるようなものが多くある。それもまたこのプログラムの魅力だと思います」

そうした思いを存分に見せ、最初の4回転サルコウを決めたあとも、ジャンプをきれいに決めると、ステップシークエンスもキレとメリハリのある滑り。最後はコンビネーションスピンで締めくくった。ノーミスの演技後、気持ちをしっかり抑えながらも納得の表情を見せた。

得点は１０６・98点と、周囲の期待ほどには伸びなかった。各ジャンプのGOE（出来ばえ点）加点はやや低めで、特に4回転サルコウは加点も2点と3点がほとんど。いつもより氷片を多く巻き上げる着氷になったことが、そうした評価につながったのかもしれない。

最初の4回転ルッツで転倒して3位だったチェンとは8・13点差の首位発進。しかし、フリーではチェンが底力を発揮した。冒頭の4回転ルッツをきれいに決めると、4種類5本の4回転を含めジャンプをすべてクリーンに降りて、ステップとスピンもレベル4にする完璧な滑り。２２２・03点を獲得したチェンは合計３２０・88点とした。

この得点は届かないものではなかった。『天と地と』の初披露となった20年12月の全日本選手権では、スピンが1つレベル3になる取りこぼしはあったが、非公認記録ながら２１５・83点を出していた。その得点よりも低い２１４点を出せば、逆転できる計算だった。

しかし、前半の4回転ループと4回転サルコウで片手を突き、トリプルアクセルでは前につんのめる着氷になって連続ジャンプにできなかった。そのあとの3回転ループと4回転トーループからの連続ジャンプ2本は確実に決めたが、最後のトリプルアクセルは着氷を乱して連続ジャンプにできず、基礎点を下げてしまう。ジャンプのGOEは7本中4本が減点になり、成功した3本も加点が伸びなかった。スピンとステップはすべてレベル4にし、流れが大きく途絶えるところがなかった演技だけに、口惜しさが残った。

「すごく疲れました。自分のバランスが一個ずつ崩れていったので、なるべく転倒がないように頑張れたとは思っているんですけど……。全然自分らしくないジャンプが続いたので、本当に大変だった」
ミスをした4回転2本は、跳び上がりは成功すると思わせるものだったが、空中で回転の軸が動いていた。26日の公式練習では見られなかった傾向だが、フリー当日の公式練習の曲かけでは、冒頭の4回転ループは尻が下がる着氷になっていた。4回転サルコウはきれいに決めていたが、トリプルアクセルは軸がやや傾斜し、最初は立って連続ジャンプにしたものの、最後のトリプルアクセルはパンクして1回転半に。そんな微妙なズレが、本番で吹き出した。

結局、フリーは182・20点の4位で合計は289・18点。SP2位の鍵山優真に逆転され、総合3位だった。試合後、「正直悔しいです」と胸の内をストレートに口にしたが、一夜明けた時には落ち着いていた。一部で体調を崩したとの情報もあったが、それを受けてこう話した。

「皆さんが心配してくれているようですが、そこ（体調）は問題ありません。ぜんそくの発作もフリーが終わったあとでちょっと苦しかったかなというくらいで、会場入りが遅れた理由ではないです。ただ、ちょっとしたトラブルが続いて。6分間練習では影響はないと感じていたけど、最終的にちょっとしたほころびになってしまった感じでした」

この世界選手権の最大のテーマは「健康なままで戦い抜き、何の不安もなく日本に帰ること」。

「帰国後2週間の隔離を含め、健康で大会を終えること。自分が感染をしてはいけないし、感染を広げてはいけないという思いはすごくあります」

それとともに、大きな目標としていたのは、北京五輪の3枠獲得。全日本王者として果たさなくてはいけない責務と感じていた。チェンの演技については「4回転5本をあのクオリティーですべて決めて、プログラムを完成させるのは並大抵ではないこと」と讃えた。

戦いを振り返れば、ルール改定後の公認の自己最高得点を出した19年のスケートカナダより構成を落として、基礎点の上限は2・08点低くなっていた。スケートカナダの演技は、冒頭の4回転ループがわずかに減点されていただけに、それを上回ってチェンに競り勝つことも可能だった。だが、『天と地と』を披露するのはまだ2回目で、熟成の域にあるとはいえない状態。ノーミスの演技ができたとしても、勝負は微妙なものになっていただろう。

それでも、今回の演技に自分がまだ成長し続けている、と手応えを得ていた。

「今の羽生結弦は（18年の）平昌《ピョンチャン》五輪や、17年のヘルシンキの世界選手権の時より確実にうまくなっていると思うんです。ジャンプはあの時より1本少ない7本ですし、後半の4回転はサルコウではなくトーループにしていて構成の難度は落ちていますけど、ノーミスや崩れなくなった確率はあの頃より高くなっている。以前は、できても『偶然、ゾーンに入ってできました』みたいな感じでしたが、今はそれを狙えるようになっている。結果が出てなくて苦しいと思うこともあるし、今回に関しては点数が出ないジャンプでしたし、演技だったと思います。でも、トレーニングしてきたことが間違いなかったな、という感触もありました」

前を向いているからこそ、自分への期待を笑顔で語った。

「誰かの光になれるように」

世界選手権の戦いをすべて終えたあと、翌21－22年シーズンへ向けての4回転アクセルへの挑戦を表明していたが、2週間半後の世界国別対抗戦もまた、世界選手権と同じような環境での、苦しい戦いだった。だが、その戦いへ向けた思いは明確だった。

21年4月15日に開幕した20－21年シーズン最終戦。大会への思いを「誰かの光になれるように」という言葉とともに、大会前にはこうコメントした。

「（3月の）世界選手権はよい演技だったとは言えませんが、それでも声をかけてくれる人たちは、『勇気をもらえました』『希望の光でした』などと言ってくれました。そういう言葉をいただいたときに、僕は、たとえ結果がよくなかったとしても、納得できるものでなかったとしても、誰かのためになれているのかな、という感じがして。それを常に心の中に持ちながら演技をしたいと思いました」

公式練習が行なわれた14日、会場となる大阪府は、新型コロナウイルスの新規感染者が過去最多を更新していた。

「今、大阪が大変なのは重々わかっていますし、世界も日本も、また、僕の地元である宮城県や仙台市も大変なのはわかっています。今季は辞退した試合もあれば、決断して出場した大会もありました。その経験を踏まえたうえで、今、僕ができるのはここに立って、ここに演技を残して、誰かの何らかの希望だったり、心が動く時間だったり、本当に１秒でもいいから誰かの中に残る演技をすべきだと思って、ここに来ています」

　世界選手権が開催されたストックホルムから帰国後の自主隔離期間が終了したばかりで、大阪入りしたのもこの日。午後の公式練習でリンクに上がり、「着いたばかりで若干、足がフワフワしたところもありましたが、それも含めていい調整はできた」。

　隔離期間中はずっとホテル住まいで、外出は練習を行なうリンクだけという生活。「練習できる措置を取ってもらえたことは本当に感謝している」と話すが、「十分な練習ができたかと言われれば、そうではないというのが本音」だった。

　万全ではないコンディションで臨む大会で本番の集中力の高さが勝負のカギを握っていた。ＳＰでは、冷静さを保ちながら気持ちの入った表情で滑り出し、前半の４回転をきれいに決めた。つなぎも含めて計算された滑りでノーミスも見えてきたが、最後のジャンプだったトリプルアクセルは前へつんのめり、ギリギリで耐える着氷に。結局、トリプルアクセルはＧＯＥで０・64点減点となり、得点は１０７・12点。トリプルアクセルのミスはあったが、それでも「チーム競技ではなく、自分の演技だけに限定すれば、このプログラムで初めて、試合で４回転サルコウと４回転トーループ＋３回転トーループをきれいに跳ぶことができたので、成長しているなと思えた」と話す演技だった。

　この日の演技自体、プログラムの完成度は高かった。力ではなく、技術で跳んだ前半の２本のジャンプやつなぎの滑り。スピンは、「『レット・ミー・エンターテイン・ユー』は、もっと余裕のあるロックだと思う。まだ表現できていなかったと思うので、もっとスマートで余裕のあるものにしたい」と全日本選手権後に話していたとおり、冷静な表現だった。また、後半の鋭さと大きさのあるステップやスピンでは、観客へ一緒に楽しむことをアピールしながら滑る、生き生きした気持ちを伝えた。

技術点は、4回転フリップを跳んで連続ジャンプを後半にしたチェンより2・68点低い59・27点。トリプルアクセルをきれいに跳んで2点台の加点をもらっていれば、上回っていた計算になり、１１０点台に乗った可能性もあった。惜しい結果ではあったが、『レット・ミー・エンターテイン・ユー』の世界を、明確に伝えた演技でもあった。

続くフリーは不運なアクシデントに見舞われた。それは、毎回、正確なコースを滑ってジャンプを跳ぶ能力があったからこそ起きたものだった。

3月の世界選手権から続く肉体と精神の疲労や気持ちのズレ。昼の公式練習では間を取りながら一本一本のジャンプを確かめるように跳んでいた練習時間の中盤、つなぎの滑りからの4回転ループを跳ぼうとした際に、滑る予定のコース途中に他の選手が入ったり、近づいたりし、思い切って跳べない。それが5回ほど続き、1本も跳べないまま曲かけ練習に入った。

曲かけで最初の4回転ループは決めた。しかし、次のサルコウはやや抜けた感じで2回転に。後半のジャンプは、4回転トーループ＋3回転トーループを跳んだあと、2本目の4回転トーループは着氷を乱してしまう。トリプルアクセルを3連続ジャンプにしたが、最後のサルコウは2回転に。どこかリズムに乗り切れないままだった。それでも演技前の6分間練習では、時間をうまく使い、残り1分のアナウンス直前に4回転ループを決めた。

そして、10番滑走の本番。最初の4回転ループを着実に降りたが、次のサルコウは1回転になってしまった。

「4回転サルコウはかなり慎重にいきました。形も悪くなかったと思うんですが、不運と言いますか、（練習で）自分の跳んだ（あとにできた氷上の）穴に思い切り入ってしまったので、どうしようもなかったんです。自分は（リンクの）同じところで跳べるんです。だから、穴にハマって突っかかってしまうことが結構あります」

滑るコースを正確にコントロールできることが強みであり、GOEで5点近いきれいなジャンプにつながっている。だからこそのミスだった。そのあと、トリプルアクセル＋2回転トーループから立て直したが、前日のSPではきれいな細い軸で跳んでいた4回転トーループがやや乱れた。1本目の連続ジャンプのセカンドは、高さのないジャンプになって2回転にとどまり、3連続ジャンプも最後の3回転サルコウの着氷で少しよろけるミスが出た。

それでも最後のトリプルアクセルは高さがあるジャンプにして、コレオシークエンスと2つのスピンは感情を込めたキレのある滑りに。シーズン最後の演技を締めくくった。

得点は193・76点で2位（203・24点のチェンが1位）。「悔しい気持ちはもちろんありますが、世界選手権を終えて2週間。正直、普通の生活ではなかったです。食事も普段どおりとれなかった。そんななか、『よくやった』と言ってあげたい内容だったと思います」。

自分でも評価できたのは公式練習から苦しんでいたトリプルアクセルを、最後の単発ジャンプでは仕上げたことだ。

「表現としてスピードを抑えているが、そのなかで自分でも力みを感じることなく、非常にスムーズに軸に入って高さもあるいいジャンプだった。今できる自分のベストのトリプルアクセルだったと思います」

そして、トリプルアクセルへの思いをこう説明した。

「世界選手権を含めた2試合ではトリプルアクセルがあまりにうまく決まらなくて、すごくショックを受けていました。悔しかったというか、何か、トリプルアクセルに対して、すごく申し訳ない気持ちでいました。だからこそ今日は、最後の最後は、と。もちろん世界選手権の記憶がかぶりましたけど、『絶対にきれいに決めてやるんだ』『4回転アクセルに続く道をここで示すんだ』という気持ちで挑みました」

フリーの『天と地と』は20年12月の全日本選手権で、初演ながら強い決意を込めた滑りを披露したプログラム。会場全体を埋め尽くす濃密な空気感を作り出した演技はあまりにも強烈だった。それと比べれば、3月の世界選手権と、この世界国別対抗戦の演技は、決して満足できるものではなかった。

「今シーズン初め（全日本選手権）に滑ったようなフリーがしたかったという気持ちは強くあります。不運なミスがあったとは思いますが、最後の最後までこのプログラムに寄り添った。世界選手権とは違い、このプログラムの曲を感じながら、そして皆さんの鼓動や呼吸、祈りだとか、そういうものを感じながら滑ることができたので、ある意味満足しています」

3月下旬の世界選手権からこの大会までの4週間は、自主隔離期間も含めてこれまでに経験のない環境で戦ってきた。その間に蓄積した精神的な疲労もこれまでにないものだった。未曾有の状況を戦い抜き、穏やかにそう話した。

「どん底」を乗り越えて見出したもの

新型コロナウイルス感染拡大の影響で、20-21年シーズンに出場したのは20年12月の全日本選手権と21年3月の世界選手権、4月の世界国別対抗戦の3大会のみ。大会へ向かう意識やモチベーションを作るのが難しい特殊なシーズンだった。

国内にとどまり、カナダにいるコーチと離れてひとりで練習をする日々は予想以上に苦しかった。直近の大会出場という目標がないなかで、モチベーションも上がらなかった。そうした日々で「これからは技術が衰えていくだけかもしれない」などと考えてしまい、引退さえも頭に浮かぶどん底の精神状態を経験した。

なかでも世界選手権は「優勝したい」「優勝を目指す」という意気込みを口にすることがはばかられると感じてしまうほど特殊な状況での試合。大会へ向けてモチベーションを維持するために、4回転アクセルをフリーに組み込むための挑戦を始めた。

当初は1回でも跳ぶことができれば本番で入れる想定でいた。それは導入への強いこだわりがあったからだ。

世界選手権からの帰国時、「空港でＡＮＡの職員の方から『羽生さんの演技を観て勇気をもらえたし、力をもらえた』と声をかけていただいたんです。それで、自分が大会に出てもいいのかなと思うことができた」と語り、大会最終日にはシーズンをこう振り返った。

「東日本大震災後のシーズンはもっともっと苦しくて、まだ若かったから、『被災地代表と言われるのは嫌だ』とも話していました。自分の力で勝ち取った日本代表だから、被災地代表とは言われたくないという気持ちだった。自分自身でいろんなものを勝ち取りたいとすごく思っていたんです。

でも、最終的には、感謝の気持ちがすごく出てきて、僕は震災の被害を受けた人たちを応援している立場ではなく、応援されているんだと思ったんです。それと同じような気持ちを、今年もすごく感じられました。自分が滑っていいのかな、と思いましたが、滑ることで何かの意味を見出していけば、それが、自分が存在していい証なのかなとちょっと思いました」

この特殊なシーズンは、「滑り続ける意味」をあらためて発見する時間にもなった。

フリー翌日のエキシビション前の公式練習では、時間の大半を4回転アクセルに費やした。そのうち6回は、ほとんど回転しての転倒だった。フリーが終わった段階で「体がそれほど疲れておらず、試合の会場でやることに意味がある」と考えたからだ。

「それに、またひとりで練習することになると思うので、やはりうまい選手がいるなかでやることで刺激があるのではないかと思ったし、そのほうが自分のイメージも固まりやすいかなという意味も持っていました。でも実際は、いいときのジャンプに比べて全然よくなかったので、はっきり言ってめちゃくちゃ悔しかったです」

4回転アクセルを練習していたのは『天と地と』の出だしからのコース。最初に入れていた4回転ループのところに4回転アクセルを組み込む構想だ。それは、翌シーズンへ向けての決意表明でもあった。

エキシビションでは、『花は咲く』を感情を込めて演じた。アンコールでは『レット・ミー・エンターテイン・ユー』のステップシークエンスからの最後のパートを滑り、鋭い動きのステップの中だけではなく、最後のコンビネーションスピンでも観客にアピールする手の動きを入れた。自身が目指す「観客とコネクトして、少しでも明るい気持ちになってもらいたい」という願いもあった。

葛藤が多かったシーズンを、納得の滑りで締めくくることができた。

Ⅰ章

オリンピックでの戦い

絶対王者として

19歳で経験した世界の頂点

2014年ソチ五輪。19歳で迎えた初の大舞台で、世界選手権3連覇中の絶対王者パトリック・チャン（カナダ）の牙城に真っ向から挑んだ。

前年11月のエリック・ボンパール杯（フランス大会）では、ショートプログラム（SP）、フリーともに完璧な滑りで当時の歴代世界最高得点を出し、合計を295・27点にしたチャンに31・68点差と実力の違いを見せつけられた。だが、その3週後のGP《グランプリ》ファイナルでは、SPで99・84点を出してチャンを上回り、歴代世界最高得点を更新。フリーも自己最高得点を出して、293・25点で初めてチャンを破って優勝を果たした。

このソチ五輪から団体戦が正式種目として採用され、個人戦に先立って行なわれたこともプラスに作用した。団体戦に出場することで疲労も懸念されたが、団体戦SPでの出場は、個人戦の前に真剣勝負を経験できる貴重な機会だった。そして、そこで1位になり、チャンのみならず、幼い頃からの憧れだった地元のエフゲニー・プルシェンコ（ロシア）と同じ試合のリンクに立つことができたことも、勢いにつながった。

現地時間2月6日の団体戦SP。10人中最後の演技で、前シーズンから演じている『パリの散歩道』を完璧にまとめた。

9番滑走のチャンが演技を終えた時点で、トップはプルシェンコ。02年ソルトレークシティー五輪で銀、06年トリノ五輪で金、10年バンクーバー五輪で銀メダルを獲得したプルシェンコは、4回転トーループ＋3回転トーループの連続ジャンプを成功させるなど、91・39点の高得点を獲得し、会場にはロシアコールが湧き上がっていた。そして、羽生はその歓声を自らへの拍手に変えた。

「すごく緊張しました。今回は（団体戦で）僕だけのスケートではないし、日本チームのためにという部分があったから。夢の舞台で足も震えずに最後まで全力で滑り切れたというのは、自分を褒めてもいいのではないかと思います」

チームのために10点（1位は10点。以下2位に9点、3位に8点と、10位まで1点ずつ獲得ポイントが下がる）を獲得し、「ホッとした」。

最初の4回転トーループをきれいに決めると、後半に入ってのトリプルアクセルも、9人の審判のうち5人がＧＯＥ（出来ばえ点）最高点3点をつけるジャンプ。そのあとの3回転ルッツは回転軸が斜めになりながらも3回転トーループを付けて連続ジャンプに。ステップシークエンスはレベル3だったが、「日本以外で95点以上を出せたのは本当にうれしかった」と、得点はトップに立つ97・98点。

世界選手権3連覇中で最大のライバルであるチャンは、演技直前の6分間練習から不安定だったジャンプでミス。最初の4回転トーループは着氷で重心が後ろにいきすぎて、次のジャンプが2回転になり、トリプルアクセルは完全に回り切りながらも着氷に失敗してステップアウト。得点は89・71点で3位と精彩を欠いた。

「淡々と自分のプログラムを楽しめました。今のコンディションできることを最大限出せたし、最後まで全力で滑り切れたので、非常にいい感覚で個人戦へいけるんじゃないかなと思います」

　団体戦後にこう話したが、個人戦を1週間後に控え（ＳＰは2月13日、フリーは14日）、ライバルたちがどう調子を上げてくるかわからないこともあり、「相手との差はわからない」とも言った。同時に「自分の今の状態がどうなのか、わかったことは多い」とこの日の自らの出来を評価した。

　憧れのスケーターと同じ舞台に立ち、得点で彼を上回れたのは意味のあることだった。

「プルシェンコ選手が自分より先に出ていたので、演技を見られなかったことはすごく残念でしたけど、得点を見る限りすばらしい演技をしたんだろうなと思っています。実際、彼は僕にとって足が震えるような憧れの存在です。とにかくこの舞台で一緒に滑れたことが、本当にうれしいですね」

　ソチ五輪の戦いに万全の状態で臨めたのも、尊敬するライバルがいるからこそ。このシーズンのＧＰシリーズで、3戦（スケートカナダ、エリック・ボンパール杯、ＧＰファイナル）とも世界選手権3連覇中のチャンと戦い、多くを学んで吸収して、さらに進化するための大きな刺激が連続した。

　この団体戦で日本は、男子は羽生と町田樹、女子は浅田真央と鈴木明子、ペアは高橋成美と木原龍一、アイスダンスはキャシー・リードとクリス・リードが出場。5位という結果だった。優勝はロシアで2位はカナダ、3位はアメリカだった。

　だが、団体戦ではＳＰ、フリーともに出場して地元ロシアの優勝に貢献し、４大会連続のメダルを獲得したプルシェンコは中3日で臨んだ13日の男子シングルＳＰ直前の６分間練習で腰を痛めてしまい、そのまま棄権。予想外の状況になった。

　ロシアの観客が期待していたプルシェンコの欠場で、空席もやや目立った男子ＳＰ。選手が演技を始める前に急に「ロシア！」という掛け声があって少し笑い声が起きるなど、どこか不思議な空気が漂っていた。その雰囲気をキリッと引き締めたのが、19番滑走の羽生だった。

　メリハリのある滑り出しで観客席のざわめきが静まる。最初の4回転トーループをＧＯＥ加点で2・86点をもらう完璧な出来。その瞬間に客席からは「ウォーッ！」という歓声があがるほどの演技で、団体戦をさらに上回る１０１・45点という史上最高得点をたたき出した。

「１００点超えという得点を出せたのは本当にうれしかった。しかも、それを五輪という大舞台でできたことに喜びを感じました」

　演技前には団体戦以上に緊張して足が震えた。だが、その緊張感をうまく集中力に変えられる強さを発揮できた。

　そのあと、21番滑走のチャンは、最初の4回転トーループと3回転トーループのコンビネーションジャンプを決めるなど、3年連続世界王者の貫禄を見せた。トリプルアクセルの着氷でステップアウトするミスはあったものの、そのあとの要素で立て直し、97・52点で2位。

　一方、他のメダル候補選手たちは、そろってミスをするＳＰとなった。

3位につけたハビエル・フェルナンデス（スペイン）は、最初の4回転サルコウと後半の連続ジャンプで失敗し86・98点。前年の世界選手権2位のデニス・テン（カザフスタン）は冒頭の4回転トーループで転倒し、84・06点で9位。サルコウとトーループ2種類の4回転ジャンプをプログラムに入れていたケヴィン・レイノルズ（カナダ）は、サルコウとトリプルアクセルで転倒して17位に沈んだ。

日本勢はやや明暗が分かれた。

自分らしい演技ができなかったと反省した高橋大輔は、4回転トーループが回転不足でダウングレードになる86・40点も順位は4位とまずまずの位置。最終滑走者だった町田樹は、4回転と3回転の連続ジャンプを含む前半はほぼ完璧だったが、終盤の3回転ルッツが2回転になってしまい、審判全員がGOEはマイナス3点をつけるミス。83・48点の11位だった。

3位のフェルナンデス以下は上位2人に水をあけられたが、86点台が4人で85点台が2人。そして84点台、83点台と続き、3位フェルナンデスから11位の町田までは3・50点差。上位2人の金メダル争いと、9人による銅メダル争いに二分された。

優勝争いを考えると、羽生のほうがジャンプの安定度が高く、SPの演技構成点ではチャンが上回ったが、その差はわずか0・57点。フリーで互いが完璧に演技をこなせば、僅差で羽生が上回る可能性が高かった。

見えた「五輪の魔物」

2月14日のフリーで羽生は金メダルを決めた。しかし、納得はしていなかった。

「優勝という結果は日本を代表して来ているのでしっかり受け止めなければいけないし、日本人としてすごく誇りに思います。でも、自分の演技については成功の確率の高い3回転フリップでミスをしてしまったり、満足できるものではありませんでした」

冷静な表情でそう話したが自身も「優勝できたことにびっくりしている」という結果となった。

「ソチへ入って最初の公式練習では体が全然動かなくて、『これが五輪なんだろうな』という感覚はありました。それでも滑っているうちに〝普通の試合〟だと思えてきた」

「〝五輪の魔物〟は見えたか」という記者からの質問には「見えたんじゃないですか。ただそれにとらわれず、やるべきことを一生懸命できたと思います」と笑みを見せた。

男子ＳＰで優勝争いの先手を取ることができたが、息を潜めていた「五輪の魔物」は、フリーで姿をあらわにした。直後にチャンが控える21番滑走だった羽生は強大なプレッシャーに襲われた。とてつもない緊張感だった。体がまったく動かなくなり、6分間練習でも焦る気持ちが心の中に充満した。

「ただ一生懸命やろうと思うだけでした。どんな状態でも全力を尽くそうと、すごく努力して……」

最初の4回転サルコウで転倒し、そのあとの4回転トーループはしっかり決めたが、続く3回転フリップで転倒と、驚く事態になった。そしてそのあともいつものスピード感のある演技とは別物だった。「後半になるにつれて足が動かなくなり、体力もなくなってマイナスな気持ちが出てきてしまった。そのなかで演技をするのが大変でした」と振り返る内容だった。

フリーの得点は178・64点で合計は280・09点。優勝の2文字は、その手からスルリとこぼれ落ちてしまったかに見えた。

だが、チャンにも五輪の魔物は襲いかかっていた。最初の4回転＋3回転をきれいに決めて、「さすが王者」と思わせたが、優勝のチャンスが転がり込んできたことで、余計に緊張感が高まったのか、続く4回転トーループとトリプルアクセルではミス。終盤のダブルアクセルでもミスをしてしまい178・10点と、合計で2位となったのだ。負けたと思っていた勝負に勝った。そして「五輪の本当の怖さを知った」と口にした。

まさに五輪とはそういう場なのだろう。3位争いをしたセカンドグループから抜け出したのは、SP9位スタートのテン。他の選手は誰もが、緊張感のなか、実力を発揮できなかった。

五輪という舞台で、完璧な演技ができるのは稀有《けう》と言える。優勝を決定づけるのは、その選手の持っている底力だ。その意味でもこのシーズンをケガなく過ごし、チャンとの3回連続の直接対決を経て、着々と力を蓄えてきた。

ただ、髪形を真似るほど憧れたプルシェンコとSP、フリーを通した戦いを果たせなかったことが、心残りではあった。

「プルシェンコ選手がいたから五輪を目指すようになった。一緒にリンクに上がっているだけで足が震えてくるような存在。実際、僕にとって五輪は、大会の存在だけに価値があるのではなく、彼とアレクセイ・ヤグディン選手（ロシア）がすばらしい戦いを繰り広げた舞台というイメージがあるんです。棄権を聞いた時はものすごく残念に思ったけれど、団体戦では一緒に滑る夢のような体験ができた。本当に光栄だと思いました」

「口を開くことがものすごく難しい」

　ソチ五輪優勝後の記者会見で、外国メディアから東日本大震災についての質問を何度も受け、こう答えていた。

「僕が今、震災について口を開くことは、ものすごく難しいことです。確かな事実として言えるのは、僕は震災後にスケートができなかったし、普通の生活すらもギリギリの状態で、スケートを辞めようと本当に思いました。でも、たくさんの方々に支えられてきたからこそ、今、ここに立てているのだと思います」

　スケートで結果を出しても、「復興の手助けになっているわけではない」と考え、「何もできていない」との無力感に苛まれることもあった。そして、仙台からカナダに拠点を移した時も、それが本当に正しかったのかと悩んだ。

「今回の五輪の結果は、カナダでの2年間の集大成かもしれないけれど、十数年を仙台で過ごしてきたからこその結果でもあります」

その思いがあったからこそ、ソチ五輪に向けたシーズンイン直前の13年8月末、メディア向けの公開練習の場所に、幼い頃から通っていたアイスリンク仙台を選んだ。フリーの曲に選んだのは『ロミオとジュリエット』。曲は違うが、東日本大震災が発生した２０１０－２０１１年シーズンに使用したプログラムだった。

拠点をカナダに移すときに支えてくれた家族や、故郷からいつも声援を送ってくれる祖父母の支えへの感謝もあった。

その公開練習では、4回転ジャンプに失敗すると、「昔、ここで4回転トーループに一日中挑戦し続けていたときのことを思い出しました」と懐かしんだ。

自分を育ててくれた仙台と東北。そして、家族の支えがあって続けてきたスケート人生。それは、4歳の頃に始まった。「実は野球少年でもあった」と幼少期を振り返り、父親とよくキャッチボールをしたり、ノックを受けたりしていた。それが、姉が仙台のスケート教室に参加したことをきっかけに、フィギュアスケートを始めると、一気にのめり込んでいった。

故郷で出会ったフィギュアスケートで、五輪王者まで上り詰めた。だが、ソチでの金メダルに納得しているわけではなかった。だからこそ4年後は、ソチで脅かされた「五輪の魔物」を、丸飲みにする実力と強い精神力をつけて臨みたい、と強く思った。実際に金メダルを手にした瞬間は「うれしさが込み上げてきた」と話したが、そのあとは悔しさのほうが大きくなったからだ。

「ショートがあったから金メダルがとれたのかもしれないですが、フリーは満足できるものではなかった。五輪メダリストとして、若い選手として、しっかり時代を作れるように頑張っていきたい。強くなりたいです」

そして、こうも考えた。

「もし復興のために何かができるとしたら、金メダルを獲得したこれからなのかもしれない」

スケーターとして、19歳の青年の旅路は、悔しさも味わったソチ五輪から新たなスタートを切った。

五輪王者として

ソチ五輪の約1カ月後に開催された3度目の挑戦となる世界選手権では、2位に０・33点の僅差で初制覇を果たした。金メダルを獲得したとはいえ、フリーで満足な演技ができず、悔しさも残ったソチ五輪。その直後の世界選手権だからこそ、金メダリストとして真の王者らしさを見せなければいけない立場にあった。

ＳＰでは、誤算があった。ソチ五輪で世界最高得点の１０１・45点を出したプログラムの冒頭、自信を持っていた4回転トーループでまさかの転倒。しかも、判定は回転不足。

「いつもどおりというか、このプログラム（『パリの散歩道』）を試合で演じるのは最後なので、とにかく楽しもうと思っていました。4回転トーループのアンダーローテーション（回転不足）は悔しいですね。試合でも練習でもショートはミスなくやってこられていたので……。ちょっとした過信というか、気のゆるみがあったのかなと思います」

常に高得点を出し、完全に自分のものにしたと思われたプログラム。「最後だから存分に魅せてやろう」という思いの強さが、体の動きを少しだけ狂わせたのかもしれない。だが、ミスをしたあとは冷静だった。残りの演技を着実にこなし、スピンとステップはすべてレベル4。

「4回転でミスをしたあと、スピンを回りながらこのあとの要素でしっかりとGOEをとればSPで90点台に乗せられると思っていました」と、ジャンプでも加点して91・24点を獲得。4回転トーループを失敗しても動揺することなく、キッチリと90点台に乗せた。

この世界選手権のSPでトップに立ったのはソチ五輪5位の町田樹だった。町田は、冒頭の4回転トーループと3回転トーループの連続ジャンプを含め、すべてを完璧に行ない、世界歴代3位の98・21点を獲得。2位には、SPで4回転サルコウをきれいに決めたフェルナンデスが入った。

だが、SP3位とはいえ、町田との6・97点差はフリーで逆転可能であり、射程圏内だった。それでも、フリーは容易な戦いではなかった。町田は、自己ベストの184・05点を出したのだ。町田は最初の4回転トーループで着氷が乱れたものの、次の4回転に2回転トーループを付けてカバー。そのあともミスの少ない演技でまとめ、高得点をマークした。しかし、動揺はなかった。

「ソチ五輪では3点差を追いかけられる展開で、気持ちのコントロールがうまくできなかったですが、今回は7点差で自分が追いかける展開。僕はフリーで追いかけるほうが得意なので、少し緊張はしたけど、いい感じで臨めました」

フリー冒頭の4回転サルコウは、「跳んだ瞬間、ちょっとヤバいと思ったし、転倒すると思った」が、着氷で何とか踏ん張って転倒を回避。「五輪王者としてここで負けるわけにはいかない」という意地を見せた。続く4回転トーループをきれいに決めると、そのあとの要素は3回転フリップがロングエッジになった以外ミスはなし。終盤はややスピードが落ちて、いつものようなキレが見られなかったものの、耐え切って世界選手権初優勝を決めた。

「（ソチ五輪と違って）今回はショートが悪かったからこそ、フリーでは久しぶりに自分の気持ちを爆発させられました。内容はけっこう危ないシーンがたくさんあったし、ポイントも（2位と）0・33点差。危ない試合でしたけど、楽しかったです。失敗したと思ったサルコウで何とか立てたのは、これからにつながると思います。12－13年シーズンからフリーに初めて4回転サルコウを組み入れて、ほぼパーフェクトにできていた前シーズンのフィンランディア杯以来、やっと跳べたので、この試合でまたスタートラインに戻れたなと思います。これまでの試合でも気持ちのコントロールなどを考え、いろいろなことを経験して成長してきたと思いますが、今回が一番成長できた試合です。

（五輪金メダリストで）五輪直後の世界選手権を勝った選手は、ロシアのヤグディン選手（02年ソルトレーク五輪、02年世界選手権の金メダリスト）以来。僕が憧れていた選手に、ちょっとは近づけたかなと思います」

これで、13年12月のGPファイナルを含めて、ソチ五輪、世界選手権の3冠を獲得した。

「3つのタイトルはとったかもしれないけれど、来シーズンやその次のシーズンになればまた違った試合ですし……。今季の試合は今季でしかないから、また新しいシーズンの新しい試合に向けて頑張りたいです」

この世界選手権で新たに感じたのは、五輪王者として迎えられている事実だった。

「歓声がこれまでと全然違いました。髙橋大輔選手や本田武史選手という日本フィギュアスケート男子の歴史を作ってきた選手たちに送られていた声援が、僕に送られているのは不思議な感じで。これから、頑張って歴史を作っていかなければいけないと思いました」

緊張もあり、勝たなければいけない思いが強かった。「絶対に勝ってやるという気持ちのほうが強かった」と、初めて経験する〝追いかけられる立場〟を楽しめた。

世界選手権後、「今回感じたのは、もしこれでショートがよくて、フリーもソチと同じだったら、また同じことしか考えられなくて、成長し切れなかったと思います。ただ今回はショートが悪かったからこそ、フリーでは久しぶりに自分の気持ちを爆発させられたと思う」。

心の中ではソチ五輪の優勝と世界選手権の優勝は、ふたつでセットだったとも言える。

「どこまでもいける」　ソチ五輪後インタビュー（14年8月）

――14年2月のソチ五輪、3月の世界選手権後もアイスショーなどで忙しい日々を過ごしていたと思いますが、次のシーズンへ向けて気持ちの切り替えはうまくできましたか？

6月に入った頃から新しいシーズンへ向けてという心構えは自分の心の中でできていると思います。ただ、世界選手権後に中3日で始まったアイスショーがずっと続いて、何かシーズンが終わった気分がないまま、時間の流れと仕事に振り回されている状態だったなとは感じます。

――気持ちが切り替わったのは、新しいプログラムができたからということもありますか？

それもありますが、新プログラムを発表するのが遅くなったので「今、新シーズンへ向かっているな」という感覚はなかったですね。ショーではずっと前年までのショートをやっていたし、いろんなコラボレーションもあったし……。本当に淡々と、決まっていたショーをしているだけという感じでした。人気が出ていることは、それだけフィギュアスケートを始めようとする子どもたちが増える可能性も上がっていくわけだから、スケーターとしてはすごくうれしいことですが、少しオーバーワークだったかもしれません。

――その忙しさのなかで、13-14年シーズンのソチ五輪や世界選手権に関しては、うまく消化できていますか？

頭ではたぶん消化できていますね。昨季のあの試合でこういう課題が出てきて、次の試合ではそれを克服できたといったような整理はついています。でも、次のシーズンでは新しい試みを始めた。フリーで4回転を3本とか、ショートで後半に4回転を入れたり。昨年のショートの曲は2年目だったし、フリーも構成は変えていないから気持ちに余裕があったけれど、14-15年シーズンは新しいことに加えて去年残した課題をクリアしていかなければいけなくて、いろんなものがありすぎるので……。課題、課題、課題という感じで切羽詰まっていますね。ただ今思うと、アイスショーを疲れるほどやったから体力もついているだろうし、集中し切れていないときでもある程度まとめられる能力もついた。ちょっとは成長しているかなと思います。

——アイスショーの競技より狭いリンクでもショートのジャンプをしっかり決めていましたね。

降りられたときもありますが、ボロボロで最悪のときもありましたけどね（笑）。狭いリンクで4回転もやったけれど、やっぱり難しいですね。新しいショートもショーで演じて、スローで始まる難しい入りだからどうしてもプログラムどおりにできないもどかしさもありました。ただ、曲に合わせた通し練習という意味もあるし、お客さんに観てもらっている緊張感のなかでやれるので、本当にいいことだと思います。

——会場では五輪王者として盛大な歓声で迎えられましたが、前シーズンのことや責任感などもよみがえってきたのではないですか？

自分の中で去年の成績は去年だけのものと区切りはつけています。今まではそんなに区切らなきゃと思う必要もなかったけれど、やっぱり、五輪王者になると余分なものがついてくるというか、メディアの方々も次の五輪が終わるまでその肩書を口にすると思うんです。それをどうしようかと考えたとき、過去のことはもう終わりにして、これからは平昌《ピョンチャン》へ向かう4年間として、まずはその1年目だと気持ちの区切りをつけようと考えました。それが正解かどうかはわからないですけどね。これまでいろいろ考えても、シーズンが終わったときに違ったかなと思ったこともありましたから。

――それはたとえばどんなことがありますか？

東日本大震災後のシーズンは世界選手権で3位になりましたが、あの時は被災地の代表ではなく日本代表として扱ってほしいとずっと思っていて、メディアにもそう話していました。でも結局、今は被災地の代表ということを受け止めているし、被災地のスケーターとして頑張っていられることをうれしく感じているんです。だから五輪王者の肩書も、来シーズンは「それはそれで受け入れればいいじゃない」という考えになっているかもしれないです。だから集中するためにどれだけ〝今〟を優先できるか、というのがすごく大切なことですね。

――五輪王者であることは確かでも、試合では平等に評価されますからね。

五輪王者だから評価が高いのではなく、五輪王者らしい演技をして初めて評価が高くなるんだと思います。ただ、僕が結果を区切っているというのは、肩書を本当に邪魔だと突き放しているわけではなくて、「五輪王者だね。頑張ったね」と言われることに全然抵抗はないんです。逆に自分ではよく利用しているところもあって。練習でもアイスショーでもつらいときは必ずあるけれど、そういうときに関しては「五輪王者だからこんなことしている場合じゃない」と思って、自らに発破をかけているんです。

――実績をうまく利用するのは大事ですね。

五輪、世界選手権を優勝したので、取材などでよく次のモチベーションについて質問されますけど、僕は引退するわけではないから、逆に「五輪王者らしい演技をしよう」と思うことがモチベーションになるんです。「じゃあ、羽生結弦としてもっと成長してみろよ」って。だから、もしソチ五輪で4回転サルコウもしっかり決めてノーミスの演技をしていたら、たぶん違ったと思います。そうなっていたら、五輪王者ということに引っ張られ続けた、と。それで世界選手権もダメだったと思う。ソチはやり切れなかった悔しさを残しつつの金メダルだったから、今があるのでしょうね。その意味では本当にぜいたくだと思いますね。若い時にタイトルをもらって、なおかつ、それと同じくらいの重みのある課題ももらえたので。

――陸上のウサイン・ボルトでも、１００ｍで９秒４の世界記録を出してしまったら、やることがなくなりますよね。

そこまでいってしまったらつまらないと思うんですよね。でも、人間は欲が深いから、見ている側はボルト選手は勝って当然だとしか見なくなっている。もし僕がそういう次元になって点数だけ見続けられたとしたら、たぶんスケートをできなくなるんじゃないかと思います（笑）。その点、僕はまだ恵まれていますね。

――数字だけではない目標も見えていますか？

まだライバルの選手がたくさんいるので。それに加えて、フィギュアスケートはジャンプだけではなくスピンやステップもあるし、表現力というのがある。確かに僕のジャンプは加点がもらいやすいかもしれないけれど、表現力に関しては町田選手や高橋選手のほうが上かもしれない。そう考えたら、自分の短所を克服するために追いかけなければいけない先輩やスケーターが絶対いるんです。そうした面では、フィギュアスケートをしていて本当によかったなと思います。

――芸術性も求められる総合的なものだから、追求しても終わらない面はありますね。

ジョニー・ウィアーさんやステファン・ランビエルさんもそうですけど、ジャンプだけではなくまた違う方向にも広げていくことができる。自分の向上心さえあればどこまででもいける。ただ一番怖いのは、成長が止まったときにどうすべきか、ということですね。そのときこそ目標をしっかり定められる能力が必要になってくると思います。僕もこれから20代になってくると、そのあたりが大切になってくるはずです。

――そのときどきの年齢と体、経験、精神状態で完成させられるものをイメージし、追求していくということですね。

そう思いますね、本当に。奥が深い競技だからこそ、自分が何をしたいのかをしっかり見極めなければいけないと思います。

五輪連覇へ立ちはだかる壁

平昌五輪シーズン（17－18年）は、勢いで頂点へ駆け上がったソチ五輪とは違い、連覇を狙った大会であり苦しい戦いを強いられた。

17年9月のオータムクラシックでは、SPは世界歴代最高の112・72点をたたき出す順調なスタート。しかし、挑戦を決意したフリーでの4回転ルッツが危機を招くことになった。GPシリーズ初戦のロステレコム杯（ロシア大会）こそ、それを見事に決めて大きな手応えを得たが、2戦目となった11月のNHK杯で体調が万全ではなかった試合前の公式練習でルッツを試み、右足関節外側靱帯損傷という、重大なケガをしてしまったのだ。

NHK杯は欠場して治療に専念したが、回復は遅れて平昌五輪へはぶっつけ本番となった。団体戦は出場せず、SPに臨んだ。

2月11日に韓国入りし、その翌日に初練習を行なった。氷の感触を確かめるように滑り始め、1回転ジャンプで助走からジャンプへの入り方を確認すると、最後にトリプルアクセルを跳び、15分間の〝足慣らし〟で氷から上がった。

その練習では体の軽さや動きのキレを感じさせ、翌13日の公式練習でも不安を払拭するような滑りを見せる。10分間ほどスケーティングで体を慣らしたあと、サルコウ、フリップ、ルッツの3回転ジャンプを軽々と跳んだ。さらにトリプルアクセルを2本決め、4回転トーループと4回転サルコウを、軸の細い回転できれいに降りた。

曲かけ練習は、新たな構成も披露した。後半に、4回転サルコウ＋3回転トーループ、4回転トーループ＋1回転ループ＋3回転サルコウ、トリプルアクセル＋2回転トーループを続ける。最後はチェンジフットコンビネーションスピンで締めた。

韓国入りした際に、空港で「ジャンプ構成はこれから調整をして決める」と話していたが、13日の練習後に行なわれた記者会見でもその考えは変わっていなかった。

「今回の試合は本当に作戦が大事だと思うし、ジャンプ構成も本当にたくさんの選択肢があると思うので……。もちろん自分の中には『クリーンに滑れば絶対に勝てる』という自信があるし、本当にそう思っています。そのためにプログラムをどんな構成にするかは、これから調子を上げていくなかで決めたいと思っています」

17年11月にケガを負ったあとはしばらく氷の上で練習ができなかった。その間、陸上トレーニングをするなかでジャンプのフォームやイメージを固めようとしていたが、焦りもあった。

「体力面にはかなり不安がありました。フィギュアスケートは陸上でできるものではないので、氷上でのジャンプの回転やスケートの感覚なども戻せるのかも不安でしたね。でも、再び氷の上で滑れるようになってからの1カ月で、『五輪に出られるな』と思えるくらいの練習を積むことができました。

ケガをしてからここまで、特につらかったことはなかったです。ひたすらやるべきことをやってきたし、『これ以上できない』ということをやってきたので、もう何も不安要素はないですし、何の問題もありません」

この日の記者会見には、多くの記者、カメラマンが集まった。その人だかりを見て、「たくさんのメディアを通して、多くの人が自分のことを見てくれているんだ」という気持ちになった。国民的な注目は大きなプレッシャーになるかもしれないが、久しぶりに滑ることができる平昌五輪のリンクで、その視線をすべて受け止めようとしていた。

当時のフィギュアスケート男子は、数年前から若い選手たちが数種類の4回転ジャンプをプログラムに入れるようになってきていた。自分の〝負けじ魂〟に火がついてこのシーズンは4回転ルッツにも挑戦。しかし、それがケガを招いてしまったことで、平昌五輪に向けては「4回転の種類が少なくても、自分が完璧な演技をすれば勝てる」と、シンプルに考えるようになっていた。難度の高さだけでなく、完成度を求める。そう意識が変わったことが、強みになっていた。

「完成度が高い、熟成した演技で勝負したい」

ケガを乗り越えたことで見えた、理想とすべきフィギュアスケートの形だった。それを完璧に演じ切った先に、表彰台の頂上が見えてくる。

「本能のジャンプ」

18年2月16日の平昌五輪のSP。『バラード第1番ト短調』の演技は世界最高得点を出した前年のオータムクラシックのような、静謐《せいひつ》な滑り出し。終盤のステップからの盛り上がりへ向け、気持ちを冷静にコントロールできていた。

最初の4回転サルコウはそのままフワッと跳び上がって静かに回転する。後半に入ってからのトリプルアクセルも、いつもより浮遊感があった。また4回転トーループからの連続ジャンプは、軸が細く洗練されたジャンプ。

「サルコウは朝の曲かけで失敗したので、若干の不安がありましたが、本番はサルコウも練習どおりのジャンプでした。本当に自分の体が覚えていると思っていた。とにかくアクセルもトーループもサルコウも、何年間もずっと一緒に付き合ってくれたジャンプなので。そういった意味では感謝をしながら跳んでいました」

右足首のケガの状態は最悪で、痛み止めを飲まなければジャンプを跳べないほどだった。そんな状態だったからこそ、SPの3本のジャンプは、無駄な力をまったく使わない、「本能のジャンプ」だった。

プログラム自体を思い返せば思い返すほど、無駄なものが取り除かれ、どんな色にも染まれる、洗練されたものだったと思えるようになってきた。この日の演技を「今やるべきことをやった結果」と話し「曲を感じながら、構成をベストな状態でこなす。そして、この曲の自分の解釈や、観ている人たちの解釈に少しでも触れられるものにしたいと思っていた」。

そんななかで意識したのは、「今できることを一つひとつ丁寧に」ということだった。集中力は高まり、丁寧さ、自分を過信しない気持ちが重なって完成度の高い演技が出来上がった。それこそが、突出した能力の高さだ。

思い返せば、17－18年シーズン初戦のオータムクラシックのＳＰでは「（痛めた）膝のことを考えながら滑っていた記憶」があったが、「自分が今したい『バラード第1番』の表現というのか、静かなところからだんだん、ふつふつと湧き上がってくるようなものを目指していた。『一つひとつ丁寧に』と思ってリンクに立っていた」。この時は1週間前に右膝に痛みが出てきたため、4回転ループを跳ばずに演技をすると決めていた。15年のＧＰファイナルのフリーで世界最高得点を出した時にも、「ただただ一つひとつの要素に集中して、丁寧にやろうとしただけ」だった。そのＧＰファイナルは、前月のＮＨＫ杯の得点で世界初の３００点超えを果たしたあとの連戦で、ＳＰでＮＨＫ杯をさらに4点以上も更新する１１０・95点をたたき出した。周囲からの期待もさらに高まって、フリーでは連戦の疲労が一気に吹き出し、体調的には最悪だった。

追い込まれた状況を過去に経験していたからこそ、平昌五輪ＳＰ後、冷静でいることができた。自分ができることをすべて把握し、実行するだけ。静けさに満ちた演技は、何もかも飲み込んだうえで氷上に立った、静かな心のうちをそのまま表現するものだった。

観る者すべてを魅了

「明日も今日のようにやればいいのかな」

平昌五輪ＳＰでトップに立った演技後、その演技の感想を記者に聞き、「すべて計算し尽くしていたような冷静さを感じた」という答えに対してポツリと話した。

ＳＰは、プログラム全体のみならず、すべてのジャンプについても、入りのスピードから跳び方までしっかりとコントロールされていた。世界最高得点にはわずかに届かないながらも、111・68点を記録した。

ＳＰでトップに立ち、フリーを迎える間も精神的に追い込まれることはなかった。今の状態でできる精一杯の構成で滑り切り、ＳＰの歴代最高点に近い評価をもらえたことで、自分のスケートに自信が生まれ、フリーのジャンプ構成の決断につながった。

五輪連覇がかかったフリー。ジャンプについては、4回転サルコウと4回転トーループを2本ずつ。後半にトリプルアクセル1本と、4回転を2種類入れてもっとも基礎点が高くなる構成にした。その構成を決断したのは、試合当日の朝だった。

メリハリのある曲の強い音を意識しながら落ち着いて滑り出した——。滑走前の6分間練習で1つもクリーンに決まらなかった冒頭の4回転サルコウを成功。ＧＯＥの加点を満点の3点にすると、次の4回転トーループも加点3の出来で決め、3回転フリップも淡々とこなす。ＳＰと同じように、まったく力みのない美しいジャンプだった。

「前半は丁寧にいったというか、やっぱり6分間練習でサルコウが不安だったので……。とにかくサルコウさえ降りられれば、前半の感覚で後半のジャンプも跳べると思っていました。何より、サルコウもトーループもアクセルも3回転ジャンプも、すべて何年もやっているので体が覚えていてくれました。ただ、右足のトーを使って跳ぶルッツがもっとも大変なので、『右足がよくもってくれたな』という感じでした」

フリーを終えたあと、自らの演技を笑顔でそう振り返ったものの、後半の滑りは厳しい戦いになった。

本番前、フリーを滑り切るスタミナは懸念材料のひとつだった。ケガから復帰し、トリプルアクセルが跳べるようになったのは本番の3週間前で、4回転ジャンプはさらにそのあと。フリーのプログラムを通しで練習できた回数は十分とは言えなかった。

それでも、後半に入ってすぐの4回転サルコウ＋3回転トーループは加点2・71点できれいに決めた。

ところが次の4回転トーループは着氷が乱れて1回転ループ＋3回転サルコウを跳べず、連続ジャンプにできなかった。そのため、トリプルアクセルに付ける予定だった2回転トーループを1回転ループ＋3回転サルコウに変更してカバーしたが、そのジャンプは少し力みが感じられた。続く3回転ループは確実に跳んだが、「足の痛みが最も影響する」と考えていた3回転ルッツは着氷が乱れ、ＧＯＥも減点された。それでも後半の4回転トーループと3回転ルッツ以外に大きなミスなく終えた。演技終了後、右手の人さし指を立て、「1」という数字を表わした。

「演技が終わった瞬間に勝てたと思いました。前回のソチ五輪の時は、フリーが終わったあとは『勝てるかな?』という不安しかなかったのですが、今回は『自分に勝てた』と思いました」

フリーの得点は、4種類6本の4回転に挑み、ＳＰ17位の悔しさを晴らす215・08点を獲得したネイサン・チェン（アメリカ）に次ぐ206・17点。総合得点を317・85点に伸ばし、あとに控えていたハビエル・フェルナンデスや宇野昌磨に10点以上の差をつけ、男子では66年ぶりとなる五輪連覇という偉業を達成した。

「4回転ループを跳びたいとか、跳びたくないではなく、今回の試合はやっぱり勝ちたかったし、勝たなければ意味がないと思っていました。この試合の結果は、これからの人生にずっとつきまとってくるものだと思ったので、大事に大事に結果をとりにいきました」

試合後は、ケガの状態の悪さについて初めて口にした。右足首の靱帯損傷だけにとどまらず、さまざまな痛みがあったという。痛み止めの注射が打てない部位の痛みが引かなかったこともあり、飲み薬を服用して本番に臨んでいた。

「痛み止めがなければ、3回転ジャンプすら跳べなかった。でも、（ケガの原因となった）4回転ルッツや4回転ループに挑戦していたからこそ選択肢が多かったと言えるし、それらの挑戦が、今回の構成をやるうえで大きな自信になりました。ここまでやってきたことには、ひとつとして無駄なことはなかったと思います」

体が万全ではない状態で無理を重ねて迎えた五輪。「表彰台の頂点に立つ」という強い気持ちで出場していた。

そんな思いが表われていたからこそ、その演技は観る者すべてを魅了し、五輪連覇という最高の結果をもたらした。

そして、メダルセレモニーのあとには、ソチ五輪との違いをこう話した。

「4年分積み上げてきたものがあるのかなというのと、ソチの時のがむしゃらさとはまた違って、今回は本当に（メダルを）とらなきゃいけない使命感もありました。19歳の時はまだ時間があると思っていたんですけど、やっぱり今回はもう時間がない、あと何回五輪に出場できるかわからないという緊張感のなかにいました」

スケートができること自体が「普通のことではない」とも感じていた。五輪はフィギュアスケートでは頂点の大会。そこへ至るにあたり、多くの人の支えを感じ、ひとりでやっているのではないということをあらためて、平昌五輪で実感した。

「本当に気持ちよく締めくくれたと思っています。あまり覚えてはいないけど、最後にガッツポーズをしたし、氷に『ありがとう』と言いました。最終的には、金メダルが決まって泣いていたから、やっぱり満足していると思います。ソチ五輪とはそこが違うかな」

心の底から解放されたように、さわやかに笑った。

「必死でした」 平昌五輪後インタビュー（18年5月）

――これまでの競技人生で、平昌五輪ほど「勝たなくてはならない」と思った大会はなかったのではないですか？

もちろん、（14年の）ソチ五輪の時も勝たなきゃいけないと思っていました。でも、あの時は通過点だったし、「ここで金メダルをとって、もう1個とればいい」と思っていた。今回は、その「もう1個」で、僕にとって一番大きな目標だった。それが目の前にあって、本当につかみ切れるかどうかというところだったので、やっぱり手が震えるような心境でした。22年の北京五輪ではなかったですね。自分の中で幼い頃からの人生設計として、北京じゃなくて平昌と決めていた。周りからのプレッシャーもあったし、足首の不安もあったけれど、それよりも過去の自分からのプレッシャーのほうが強かったですね。緊張感は大きかったです。

――試合ではSP、フリーともに極めて冷静でした。試合を見ていて、その冷静さがすごく印象的でした。

公式練習の組み立て方や6分間練習のやり方など、一つひとつが本当に冷静にできていましたね。それはたぶん、ケガをしてスケートから離れたときに……、そういう時間のなかで、陸上でできることも、氷上でできることもいろいろあるんだというのを学んだからだと思います。だからこそ、追い込まれていた平昌でも、冷静に考えていろんなプラン立てができたのかな、と。その意味で、本当に濃密な時間を過ごしたシーズンでした。何か、五輪というのは大学でいう卒論みたいな場なんですね。そのためにゼミに入ってそこで研究を積み重ねて、積み重ねてという感じで。

でも平昌五輪はその積み重ねの期間をギュッと短くされてしまった感じでした。卒論が通らなかったら、4年間が無駄になってしまう。その締め切りがあるから何とかしなきゃいけないプレッシャーもかかってくるけど、僕の場合は締め切り直前になってすべてが無に帰すことになった状況で。もう一度、一からすべてを作り直さなければいけなくなったので、本当に大変でしたね。

――終わった瞬間、勝ちを確信していたという演技でしたが、「勝ちに行く五輪」は本当に大変ですね。

本当に勝ちにこだわっていたんですけど、結果的に「勝てる演技」というのは、自分が納得する演技と共通しているものなんだなと思いました。最終的に満足できたし、自分の中で記憶に残る演技になったとも思います。でも平昌で勝つのは自分では決定事項だったので。それも過去になってみれば「人生のレールどおりだったな」と言えますが、未来を見ているときはどうなるかわからないので、必死でした。

――『バラード第1番ト短調』と『SEIMEI』は、勝つためのプログラムとして選んだものでしたからね。

だから何か、自分にとってのマスターピース（傑作）というか、そのときどきの自分の完全体を見せられるかにはすごくこだわってきた4年間だったなと思います。でも、やっぱり五輪の時だけは違いましたね。ケガをしたからかもしれないですけど。ケガをしていなかったら、別に跳ばなくていいジャンプを無理やり跳んでいて、オーバーワークになってプログラムが壊れてしまって、という可能性がなきにしもあらずでした。ある意味、ケガをしてステップアップしたというのもある。平昌五輪は自分がしたいこと、自分が見せたいもの、そういったものに集中できていたなと思います。

――4回転2種類で330点を出した事実もあります。そこは意地ですか？

あの時、３３０点を出したのは、やっぱり自分にとっても奇跡的なことに近いし、アベレージじゃないですね。３３０点の15-16年シーズンは、カナダ大会のあとからずっとあの構成で練習をしていたので、出来上がっていたんじゃないですか。でも、平昌はその構成を練習していたわけではないので。やっぱり、大幅にいろいろ変えなければいけなかったし、慣れてきた呼吸もまた戻さなければいけないなどの駆け引きがあったので、難しいことはありました。

――ジャンプもすべて、それぞれに違った感覚で跳んでいると言っていましたから、難しい。

そうですね。それに4回転になってくると、1本をきれいに降りるのと、コケてしまうのでは6〜7点違う。そうなるともう1回転倒しただけで、その330点というのは〝終わる〟じゃないですか。だから、平昌では310〜320点をとれば勝てるという計算をしていました。

――だから終わった瞬間の「1番ポーズ」だったのですね。目標にしていた五輪連覇をして、次へ進めるという気持ちだったのではないですか？

やっとホッとして次へ進めるのもありますし、前から言っているように曲と自分との関係について今すごく考えているところです。ただ曲を聴いているだけではなく、曲にどういう深みがあるかを考えて、それに応じて自分の演技の深みをどう作っていくか。その深みをどうやって融合させていくか。

ただ、なるべく独りよがりにはならないように。観ているみんなに共感できるものがあるような……。それぞれの方が持っている背景に訴えられるようなものにしたいなと思っています。

――それは何か、ずっと記憶に残る映画みたいなものですね。

やっぱり、何かシンクロする部分があるからこそ感動できるというのが、僕の考えなんですよ。だからこそ、それをうまく作りたいというのは、すごく思っていますね。

2章

好敵手たち

強気で挑んだシニア1年目

15歳でシニアへ移行した2010－2011年シーズン。目標にしたのは、その頃世界トップレベルで競り合っていた日本人選手の先輩に追いつき、そして、追い越すことだった。

当時、髙橋大輔や織田信成、小塚崇彦らが世界を舞台に結果を残していた。07年世界選手権で日本男子史上最高位の2位になった髙橋は、10年バンクーバー五輪で銅メダルを獲得し、その1カ月後の世界選手権で優勝。小塚は11年世界選手権で2位になり、織田はGP《グランプリ》ファイナルで09年と10年に2位と実績を上げた。

羽生結弦は、シニア初シーズンの11年四大陸選手権で2位に入ると、翌年は初出場の世界選手権で3位。先輩たちに迫る力をつけていった。

12年GPファイナルでは、全出場選手6人中日本人選手が4人を占め、最後の最後まで緊迫感のあるシビアな戦いが繰り広げられた。

12月7日のショートプログラム（SP）で先手を取ったのは第2滑走の髙橋。冒頭に、SPでシーズン初の成功となる4回転トーループを決めて波に乗り、得意のステップはキレとスピードのある滑りで、ノーミスで演技を終えた。その会場の盛り上がりが、あとに続く選手たちの緊張感を高めた。町田樹はジャンプのミスを連発し、小塚は4回転トーループをきれいに降りて終盤のステップなど重厚な滑りを見せたものの、中盤のトリプルアクセルで転倒。

羽生は4回転トーループを決めて、トリプルアクセルも成功するも、「公式練習の不安が出てしまった」と、3回転ルッツの着氷でバランスが崩れ、そのあとに跳んだ3回転トーループで転倒してしまった。

前季の世界王者、パトリック・チャン（カナダ）は4回転ジャンプを跳んだあと、スピードのある滑りを見せたが、3回転ルッツが2回転になるミス。結局、高橋がチャンを3・02点抑えてトップに立った。羽生は5・12点差、小塚が5・90点差で続く展開になった。

「（前季の）世界選手権に比べたら5点差は『何のその』という感じですし、NHK杯の高橋選手と僕との7・85点差に比べたらすごく楽な心境。まだまだ挽回できる点差だと思います」と翌日のフリーへ前向きだった。

フリーでは、1番滑走のハビエル・フェルナンデス（スペイン）が高得点を出した。4回転サルコウ＋3回転トーループの連続ジャンプや、4回転トーループとサルコウの単独ジャンプ3本を決め、ノーミスで178・43点。合計258・62点をマークした。

しかし、羽生はその得点を上回った。4回転トーループを決めたあと、4回転サルコウは2回転になり、3回転フリップでロングエッジを取られたとはいえ、スタミナ切れを起こした前月のNHK杯とは違い、最後まで滑り切った。

「NHK杯は4回転サルコウを踏ん張って降りたから、肉体的にはかなり消耗していたと思います。今回、一番の目標にしたのは、自信をつけることだったから」

前季の世界選手権のフリーを3点以上も上回る177・12点を出し、合計でも自己ベストの

２６４・29点。その時点でトップに立った。

続くチャンは冒頭の4回転トーループで転倒。そこから小さなミスはありながらも重厚な滑りを見せたが、得点を伸ばすことができなかった。

高橋は、最初の4回転トーループで転倒。次の4回転トーループに成功すると、とっさに3回転トーループを付けて連続ジャンプにしたが、後半の3回転は回転不足に。トリプルアクセルも着氷を乱し、中盤のトリプルアクセルでも手をつくミスはあったが、スピードを落とさずに滑り切って得点は１７７・11点。日本男子のGPファイナル初優勝を意地でもぎ取った。

高橋は、演技構成点ではトランジションの８・82点以外の4項目はすべて9点以上をマーク。ただ、技術点ではフリー1位のフェルナンデスと羽生に差をつけられていた。

高橋は若手の成長と力を高く評価した。

「正直、全然勝ったという気持ちになれないんです。課題が残ったというほうが強いです。例を挙げれば、パトリックの演技構成点のすごさや、終盤になればなるほどスピードが上がっていくスタミナ。羽生くんのきれいに降りる4回転もとても参考になります」（高橋）

総合2位の羽生は「今回はショート、フリーとも1番がなかったのが悔しいですね。（ソチ）五輪に出るんだったら勝ちに行きたい。そのためにはそれくらいを狙っていかなければダメだと思うんです」と反省の言葉を口にした。

急成長でフィギュアスケート界をけん引

羽生は、その2週間後の12年12月下旬の全日本選手権で初優勝。日本男子のレベルを世界の頂点へ押し上げていく。

全日本ではその力を遺憾なく発揮した。演技前の6分間練習は「緊張感と不安に襲われた」が、最初の4回転トーループを完璧に決めると勢いに乗り、各要素を丁寧にこなした。演技の迫力が、そのままリンクを支配する緊迫感となって観客席まで伝わってくるような密度の濃い2分40秒間だった。GPシリーズで連発した世界最高得点を（国際大会ではないため）非公式ながらもさらに上回る97・68点を出してトップに立った。

「昨年（11年）、最終滑走でダメだったイメージが残っていたので緊張したし、6分間練習も今までにないくらいダメだったので……。得点にはびっくりしています。緊張しているなかでもああいう演技ができたのがうれしい」

翌日のフリーでは、最終組第1滑走者の高橋が攻めて得点は192・36の高得点。合計得点も280・40点にした。

だが、その重圧を乗り越えて勝利した。

冒頭の4回転トーループで着地の重心が後方にいきすぎながらもこらえ、続く4回転サルコウではあわや転倒の状態をしのいで、丁寧な演技で乗り切った。結果、フリーは2位だったが、全日本選手権初優勝を果たした。

「ファイナルでサルコウをパンクした（4回転が2回転になった）のが悔しかったですが、今回はそれを克服できました。全日本選手権の舞台で表彰台の真ん中に上がれたことに興奮しました。ただ、フリーで2位になったのは悔しいですね。今までずっと先輩たちを追いかけてきたけど、フリーで負けたから実力的にはまだ抜いていないと思います」

自身は、このシーズンをソチ五輪へ向け、プログラムを作り上げるためのシーズンと捉えていた。「体力的にはまだ足りないと感じている」と、フリーは完成と言える域には到達していなかった。それでも、NHK杯よりGPファイナル、そしてGPファイナルより全日本選手権と、短期間のうちに着実に進歩していた。

「(ブライアン・)オーサーコーチとしっかり話し合いながら練習をしていきたいです。コーチには『全日本はもちろん狙うが、このシーズンで一番調子を上げなければいけないのは世界選手権だ』と言われているから」

さらなる進化へ、全日本初制覇におごることなく次のステージへ視線を向けた。

このシーズンの成長の要因については、「オーサーコーチは試合までのペース配分がすごくうまい。練習でそれぞれの要素をやる回数も決め、『これはそれ以上やると悪くなるから、次の要素の練習にしよう』とコントロールしてくれる。おかげで効率も上がっているし、力もついているのだと思います」と今後の展望を描いていた。

「演技構成点も今回高い評価をしてもらえましたが、自分としてはまだまだだと思っていますし、その評価に匹敵するスケーティングや表現力まではいっていない。その点数を、しっかりと自分の力で出せるようにしていきたいです」

その急激な進化は、世界の頂点を極めようとする日本男子フィギュアスケートにとって強力な推進力になっていた。

パトリック・チャンとの熱戦

14年のソチ五輪の金メダル獲得後、「表現力に関しては町田（樹）選手や高橋選手のほうが上かもしれない。そう考えたら、自分の短所を克服するために追いかけなければいけない先輩やスケーターがいる」とインタビューで話していたように、国際大会に出場することは、ライバルたちから学べる絶好の機会だった。

当時、目標にしていたひとりが、11年以来、世界選手権を3連覇していたチャン。ソチ五輪で優勝できた勝因のひとつとして自らが挙げていたのは、ＧＰシリーズでファイナルまでの全３戦をチャンと戦えたことだった。

13－14年シーズン、10月のＧＰシリーズ初戦のスケートカナダではチャンに次ぐ2位。ＳＰ、フリーともにミスが出てしまい、不本意な内容だった。しかし、11月のエリック・ボンパール杯は納得の滑り出し。公式練習からキレのいい動きで、夕方からのＳＰでもその好調を維持した。

「ショートの最初の4回転トーループは、自分としては納得できるジャンプではなかった」と満足はしていなかったが、着氷で少し重心の位置がずれたとはいえ、審判のGOE（出来ばえ点）は2・00点が出る高評価。そのあとの要素も、すべて加点をもらう出来で95・37点を獲得した。

チャンは、このエリック・ボンパール杯で、冒頭の4回転トーループ＋3回転トーループからすべてのジャンプと演技を完璧に決め、98・52点の世界歴代最高点を記録した。SPが終わって、チャンとの差は3・15点。

「3点差というのは大きいですね。演技構成点であれだけ差をつけられると太刀打ちできない部分もあるので……。それでもカナダ大会はSP終了後に2位しか狙えない位置にいたけど、今回は何とか首の皮一枚つながった感じです」

こう話したあと、記者会見場で演技構成点の点数を上げるための方法と、スケーティングについてのチャンの発言をうなずきながら聞き、「パトリック選手が会見で言ったことがためになったので、実践してみようと思います」と多くのことを吸収した。

翌日のフリーは、最初の4回転サルコウを跳ぼうとした瞬間、踏み切る左足のエッジが傷ついたリンクの溝にはまる不運に見舞われてしまった。切り替えようとしたが、次の4回転トーループでは焦りが出てしまい転倒。3回転フリップは、ロングエッジで減点され、ステップシークエンスも本来のスピードがなかった。しかし、そこから気持ちを立て直した。

「今回の試合までの練習では、ステップやスケーティング、振り付けに力を入れたうえでジャンプを跳べるように練習をしてきた。そういうトレーニングによって、動きながらでも心を落ち着かせることができたのだと思います」

　中盤のトリプルアクセル＋3回転トーループを、完璧に決めると波に乗った。2つのコンビネーションジャンプを含む4つのジャンプをきれいに決め、スピンもすべてレベル4。168・22点を獲得し、合計も263・59点まで伸ばした。

「ファイナルを目指すというより、今できる自分のことに集中しようと思いました。前シーズンでは、前半の大きなジャンプでミスが出たら、気持ちが落ち込んでいたと思いますが、今回は演技の後半に落ち着いて修正できました。カナダからの2週間弱で、フリーでも少しずつ完成度を高めていると思うので、ファイナルに向けてもっといいプログラムを作っていけるかな、と思います」

　一方、チャンはフリーの全要素で加点をもらい、196・75点を獲得。合計で295・27点という世界歴代最高得点（当時）で完勝した。

　チャンとの戦いの中で、彼の存在感や同じ大会で滑るプレッシャーに左右されずに「ショートで自分の演技ができたことが大きな収穫」だった。

「（チャンのように）ショート、フリーともノーミスというのは、スケーターにとって稀なこと。その舞台に一緒にいられたというのは光栄です。今は雲の上の存在ですけど、その演技を見たことで、『もっと頑張らなきゃ』と思えました」

　また、チャンが言った「曲や音を表現するために、膝の使い方を意識している」という言葉は、「衝撃的だった」。

「スケーティングでは手や上半身も使いますが、パトリック選手の場合は下半身でもしっかりと曲やリズムを表現し切れています。ものすごく高度な技術ですが、『そういうこともできるんだ』と驚きました。それができるからこそ、点数も伸びるんだと思いました」

また、スケートカナダでは、チャンが19歳で挑んだ10年バンクーバー五輪の時の話も聞いた。

「ものすごく勉強になりました。英語が少しずつわかるようになっているので、海外選手の言葉にも耳を傾けられるようになりました」

チャンと同じ大会に出場したことは、勝利すること以上の貴重な収穫を手にできた時間だった。

「一試合一試合、パトリック選手に勝ちたいと思っていたけど、『その時は、まだだな、今じゃないな』という感じがしたんです。点差をしっかり見せつけられたし、すばらしい演技を生で見て、燃えた部分がありました。自分を成長させてくれる、いいきっかけになるんじゃないかな」

急速に進化していく過程で、チャンと3戦連続で戦えたのは価値ある経験であり、その機会をしっかり生かすことができていた。

ライバルから学び、進化する

13年12月の全日本選手権、男子フリー。最終組の6人がリンクへ飛び出すと、観客席は燃え上がるような雰囲気に包まれた。観客は、ソチ五輪代表3枠を争う最後の戦いに、それぞれの思いを込めて声援を送っていた。

フリー最終組、１番滑走の羽生は、ＧＰファイナル優勝で代表はほぼ手にしていたが、初めて経験する五輪代表最終選考会というプレッシャーに飲み込まれたのか、少し重苦しさを感じさせる演技となった。それでも、冒頭の転倒以外は各要素をミスなくこなし、１９４・70点の高得点をマークした。

前日のＳＰで全日本史上初となる１００点超えの１０３・10点を記録し、ＳＰでもフリーでも演技構成点で9点台を並べ、合計２９７・80点で全日本連覇を達成。五輪代表を決めた。

本番のソチ五輪を考えると、ＧＰファイナル、全日本選手権で高得点を出して、王者のチャンと対等に戦うことができる状況になっていた。ここまで、チャンとの直接対決は5回。当初は大きかった差だったが、内容と点数を見ると、かなり接近してきていた。

そして、13年12月のＧＰファイナルでは、チャンを上回って優勝。特にＳＰでは世界最高得点の99・84点を記録。これまで大きな開きのあったチャンとの得点差を着実に詰めた。

これは、2シーズン前に拠点をカナダのトロントに移し、ブライアン・オーサーコーチの指導を受けるようになって以降、滑りの基本から鍛えなおし、つなぎの演技や表現にも取り組んできた成果が出てきているということでもあった。

このシーズンのプログラム構成は、演技後半にジャンプを入れることで基礎点が高くなるため、そのアドバンテージをうまく生かせれば、チャンを上回ることも十分可能になった。

そのためにも、冒頭の4回転サルコウを成功させ、余裕を持って演技ができるようにする必要があった。全日本選手権のフリーでは転倒したが、「4回転サルコウの失敗は経験不足だと思います。でも次の4回転トーループを転倒せず耐えられたのは、これまで失敗をしてきた経験があってこそ。サルコウも失敗を繰り返すことで成功する確率が高くなってくるはず」と前を向いた。

また、オーサーコーチは、選手として2回、コーチとしても五輪を経験。大会までにどのように準備をすればいいかの知見も豊富であり、大会本番へのプレッシャーがあるなかで、五輪にピークが来るように調整する手腕には定評があった。

4回転サルコウやスタミナ面などに課題があることははっきりしたが、それはつまり、伸びしろがまだまだあるということだった。五輪代表に決まり、「ここをスタートラインに一歩一歩踏み出していきたい。体のコンディションはいい感じなので、体調管理をしっかりして、頑張っていきたい」とソチの舞台を見据えた。

敗北を糧に

GPファイナルとソチ五輪、世界選手権の3冠を獲得した13–14年シーズンは、大きく成長したことを実感する1年だった。特に印象に残っているのは、GPシリーズ2戦だった。

「シーズン前半はすごく大事だと思うんです。勝つことで自信を得て勢いに乗ることも、負けて課題を見つけることも大切。でも13–14年シーズンの場合、前半は否応なくパトリック選手に差を見せつけられたので……。だからこそシーズン後半があったのではないかと思います」

　スケートカナダでは勝ちや得点を意識しすぎて自滅。その課題を克服するために鍛錬し臨んだエリック・ボンパール杯は、フリーのアクシデントで4回転を2本ともミスして、チャンには完璧な演技を見せつけられた。

「4回転は失敗したけれど、あのあとは何が足りないかと得点差をかなり計算しました。その結果わかったのは、自分がノーミスでもパトリック選手が完璧だと5点差くらいで負けるということ。どんな練習をしなければいけないかと考えるきっかけになったので、頑張って基礎練習をして、通し練習でも表現し切ることを意識し始めました。あの連敗はこれからの僕の競技人生にとってすごく生きてくるものです」

　それまでは練習でジャンプばかりに意識がいっていたが、スケートカナダ後は、ジャンプ以外も意識して練習をした。そして、エリック・ボンパール杯では4回転ジャンプのミスがあっても得点差は開かず、他の要素でも点数をとれることにあらためて気づいた。

「ＧＰファイナルへ向けては、ジャンプ以外で点数をとりつつも、ジャンプでＧＯＥをもっととれるようにすればパトリック選手（の得点）に届くんじゃないかと考えて、練習ではジャンプはそれまでのように１００の力を使いながら、それまで20だった他の部分を50～60にしていかなくては……。体力の消耗も激しいですが、『2戦負けたんだから苦しいなんて言っていられない』と思って練習しました」

　エリック・ボンパール杯で感じたのは、ＳＰの重要さだった。ＳＰで得点を伸ばしておけば、フリーでの多少のミスはカバーできる、と。

「同じプログラムを2シーズン続けるのは自分にとっても挑戦だと思いました。自己最高点を出しているから、ジャッジの皆さんも新鮮味に欠けると感じるのではと思ったりして。衣装やアレンジを変えて、最終的にはいい方向にいった。2年目だと滑りこなしていて心に余裕も生まれる。緊張してプレッシャーがかかったソチ五輪もこれまで積み重ねてきた自信が生かせた。ソチのフリーはいい演技ではなかったけれど、ＳＰの結果がよかったから勝てたのだと思います」

五輪王者になったとはいえ、納得はしていなかった。だからこそ、ソチ五輪の1カ月後の世界選手権まで気持ちを切らさなかった。世界選手権は自信を持っていたＳＰで失敗し、フリーで4回転サルコウを踏ん張って逆転優勝。結果を出した。さらに、そこで満足することなく「ここを経験したらもっと上へ行ける」との具体的な課題を明確にしたシーズンだった。

14－15年シーズンは五輪王者としての真価が問われるシーズンとして、「タイトルにこだわりたい」と話していた。

「とにかく自分の殻をひとつ破りたいというのが、新しいシーズンの目標です。前シーズンはジャンプだけではなく表現もスピンもすごく一生懸命やりましたが、これからはどうすればうまく見せられるかというところまで意識していこうと思います。試合では少しずつでもいいから変わっていきたい」

新シーズンに挑もうとするプログラムは、ＳＰでは演技後半に4回転トーループと3回転の連続ジャンプが入り、フリーは後半に2度のトリプルアクセルと、4回転トーループからの連続ジャンプを組み込む高難度な構成。「五輪チャンピオンだからこそ誰にも認められる演技をし、18年平昌《ピョンチャン》五輪まで進化し続けたい」という、強い決意の表われでもあった。

チームメイトからの刺激

シーズン初戦には6分間練習での他の選手との激突によるケガもあり波乱の1年だった14－15年シーズンの最後の大舞台、15年3月の世界選手権。SP1位発進ながら、フリーは2つの4回転でミスをし、ハビエル・フェルナンデスに逆転されて2位だった。

「悔しいという言葉が、今の自分に一番合っている。いろいろな言葉を使っても自分の気持ちをうまく伝えられないと思うから、今は〝悔しい〟のひと言ですべてを表現したいです」

そう語って唇を噛みしめた。

14年末の尿膜管遺残症の手術後、1カ月半リンクから離れた。さらに練習再開直後に4回転ジャンプの練習でねんざ。そこから2週間の休みを強いられ、本格的な練習を始めることができたのは15年3月に入ってからだった。その影響は、上海入りしてからの公式練習でも、4回転ジャンプを成功する確率の低さに表われていた。SPが行なわれた3月27日午前の公式練習では、単発で跳んだときには成功していたが、曲をかけた練習では転倒。試合前の6分間練習で最初の4回転こそ柔らかい着氷できれいに決めたが、2回目は転倒して重心が後方に傾く乱れがあった。

「ちょっと試合勘がなくなりすぎていた感じはあります。公式練習や6分間練習の緊張感にまだ慣れていなくて、集中力を欠いているのかなと思います」

本番で4回転トーループの着氷で片手をついたものの、その減点分は、完璧に跳んだトリプルアクセルでカバーした。ステップはいつもよりやや軽くなっているようにも感じたが、粘りとキレのある持ち前の丁寧な演技と滑りは健在。得点が高くなる後半に入れた2つのジャンプも決め、ノーミスの演技をしたフェルナンデスに2・46点差をつける1位発進とした。

「この3週間、本気で追い込んできたのがよかった。身体の状態は全日本選手権の時よりいいし、曲をかけた通し練習もファイナルや全日本前よりも多くしてきました。ＳＰの4回転のミスが悔しいけど、正直言って、今はフリーのほうが自信はあります」

そう話してはいたが、フリーの演技が始まると最初の4回転サルコウが2回転になってしまい、続く4回転トーループで転倒。窮地に追い込まれた。

「サルコウに関しては、（開催地の）上海入り前から曲をかけた練習で決まる確率が高かったし、公式練習も跳べていました。だから本番でパンクした時はビックリしてしまって、『あっ、まずいな』と思う瞬間がありました。そこで集中力が切れてしまったことが、次の4回転トーループの転倒につながった。ただそのあとはいつもどおり、一つひとつ丁寧にできました」

転倒後の演技は、スピードはやや抑え気味だったが、気迫がこもっていた。ステップはＳＰの時よりキレと力強さを感じさせ、スピンとステップはレベル4で加点もついた。だが、冒頭の4回転サルコウの失敗が最後まで響き、結局2位に終わった。

「上海に来る前は調子がよくて、練習はノーミスを何回もやっていたんです。試合でそれができないのは、自分の力が足りなかったということ。練習メニューや、ジャンプの確率を上げるための調整法をもっとしっかりしなければいけないと感じました」

前年12月のGPファイナルでは、11月の中国杯でのアクシデントから1カ月後とはいえまだ試合勘があり、いい演技ができた。また、実戦に向けてどうコンディションをつくり上げていけばいいかを、自身もチームのスタッフもわかっていた。しかし、この世界選手権は、手術後2カ月間のブランクがあり、最後の3週間で「ファイナルと同じような状態にしなければ。大会に照準を合わせなくては」と、強く思いすぎてしまった――。

そのような焦りにも似た気持ちがあったことで、わずかなズレを修正できなかった部分もあった。

「たくさんの方が連覇を望んでいただろうし、（16年世界選手権出場の）日本の3枠獲得を期待していたはず。それに応えられなかった自分の不甲斐なさをすごく感じています。でも、ここで負けを経験したことで、逆にこれから成長できることが増えたのではないかとも思います。負けた悔しさは絶対に消えることはない。とにかく着実な一歩を、一つひとつ踏んでいければいいと思います」

競い合える恵まれた環境

12年4月にブライアン・オーサーコーチに師事してカナダ・トロントのクリケットクラブを本拠地にすることを決めた理由のひとつには、ハビエル・フェルナンデスの存在があった。フェルナンデスは、以前から意識していたスペイン人選手。11年からオーサーの指導を受けていたフェルナンデスは、羽生が初出場した11年12月のGPファイナルのSPで4回転トーループを唯一クリーンに決めて3位につけると、フリーでも4回転トーループに加えて4回転サルコウもきれいに決め3位になっていた。サルコウも含めた4回転ジャンプの技術を高めるために、彼と一緒に練習することがプラスになると考えたのだ。

15年のGPファイナルでも、フェルナンデスはSP2位発進のあと、フリーで4回転サルコウ2本を決めて201・43点の高得点を出したが、羽生は歴代世界最高得点（当時）で優勝して、互いに高め合う存在となった。

クリケットクラブのアイスリンクの壁には、クラブを拠点として、五輪や世界選手権のメダリストになった歴代の選手の名前が記されている。そこには「ソチ五輪ゴールド」の羽生の名前もあり、「世界選手権ゴールド」のフェルナンデスの名前もある。「彼は僕の名前を見て、『次は自分が……』と思っているはずですけど、僕も彼の名前を見て感じる悔しさがモチベーションになっている」と話し、そうした思いを持ちながら毎日過ごせる環境は「恵まれたもの」と、日々感謝していた。

15年12月ＧＰファイナルのＳＰでは、史上最高の１１０・95点を出したが、中１日おいて臨んだフリーの日の朝は「連戦の疲労がピークに達していた」。ＳＰ、フリーともミスのない演技をするのは極めて難しい。この大会では、ノーミスの演技をすれば、11月のＮＨＫ杯の歴代最高得点の３２２・40点を上回る結果になる可能性もあった。４回転サルコウを完璧に決めると、次の４回転トーループもきれいに決めていき、ジャンプをひとつ決めるたびに見ている者すべてに安堵と不安が交互に去来する。そして、このシーズン序盤のオータムクラシックやスケートカナダでミスが出ていた最後の３回転ルッツをきれいに決めた瞬間まで、自身にも「２大会連続で記録を更新できるのか」という疑問が、どこかにあった。

「ジャンプの不安要素を修正できないまま、直前の６分間練習が終わってしまいました。それに加えて、パトリック選手や宇野（昌磨）選手の演技がよかったということが大歓声でわかっていました。極めつけは、僕の前のハビエルが２００点超えで『やばいな……』と。自分で自分を追い込んだところもありましたが、ＮＨＫ杯の前にはたくさん練習できていたので何とかなったのだと思います。演技の途中で徐々に不安はなくなってきましたけど、明確な記憶としてあるのは、前半の４回転トーループを跳んだときに少しホッとしたことだけです」

「いっぱいいっぱいだった」と振り返ったフリーの演技。最初の４回転サルコウと４回転トーループは満点で、技術点を１２０・92点まで伸ばした。さらに演技構成点は合計で98・56点を獲得。結果、歴代最高の２１９・48点で、合計３３０・43点と他の追随を許さない得点をたたき出した。

「ここへ来るまで、本当にたくさんの方が調整のペースやピークを考えてくれた。もちろん、僕自身もしっかり考えてやって、フリーにピークを合わせようという狙いがありました。練習はそれほどよくありませんでしたが、自分で考えて練習をしてきた自信はあったので、それは出せたかと思います」

　これまでＳＰ、フリーともに「ノーミスの演技は、地方大会くらいでしかやったことがなかった」が、このシーズンはそれをＮＨＫ杯とファイナルという大舞台で続けてやってのけた。アクシデント続きで満足に練習できなかった前シーズンを思い、「練習が思うようにでき、それに耐えることができる身体であることが幸せ」と痛感すると同時に、フィギュアスケートは「常にノーミスの滑りをできるような甘いものではない」と、知り尽くしているからこその結果だった。

「今回もハビエルの演技には驚きました。別に得点がどうこうじゃないんです。得点がすごく注目されて『世界最高得点の演技』と、メディアもファンもワーッとなっていることもたしかにうれしいのですが、自分が目指しているのは、『自分の演技をどれだけ極められるか』『一つひとつの要素を極めていけるか』ということです。僕の演技が好きだと思ってもらえたらうれしいですし、『すごい』『感動した』『また見たい』と言われるような演技を、ジャンプも含めてこれからできるように練習をしていきたいです」

　このＧＰファイナルで、３００点超えが特別ではなく、いつでも出せる可能性があるものであることを証明した。２大会連続の３００点超えで、フィギュアスケートの持つ可能性を大きく広げたのだ。

さらなる高みへ

　さらに上を目指す意欲を持ち続けている。そのことを、2年ぶり2回目の王座を狙って臨んだ16年3月の世界選手権でも示した。このシーズン、2試合連続で３００点超えを果たし、その再現も期待されるなか、「記録というプレッシャーはありますが、ＮＨＫ杯やＧＰファイナル、全日本の時とは感じるものがまったく違うと思う。もちろん、『世界選手権だからこそ』というのはあるけれど、それを自覚できているので、向き合いながらいい演技を目指したい。ＮＨＫ杯とＧＰファイナルであれだけの点数を出したが、まだまだ完璧な演技にすることができるとも思えたので……。今の自分ができる完璧を目指してやりたい」と冷静だった。

　フリーの演技構成は後半の4回転をトーループから基礎点の高いサルコウに変更。公式練習では落ち着いた表情で動きにキレがあり、ジャンプも確実に決めていた。ＳＰ前日の公式練習ではデニス・テン（カザフスタン）に2度接近されて演技を中断するトラブルもあったが、集中力を乱すことなくＳＰでは気迫の滑りを見せる完璧な演技で１１０・56点を獲得。

「試合前日に気持ちがグシャグシャになったからこそ吹っ切れた。結果どうのこうのや、どう見せたいではなく、自分がどうやりたいかだけに集中できました」

　2日後のフリーは苦しんだ。直前の6分間練習で成功していた冒頭の4回転サルコウで手をついてしまうスタート。後半最初の4回転サルコウは軸が完全に斜めになって転倒すると、トリプルアクセルと3回転ルッツで着氷を乱して合計295・17点にとどまった。完璧な演技をしたフェルナンデスに314・93点を出され、結果は2位だった。

「追われるとか追われないは関係なく、自分自身、『このフリーをうまくやりたい。ジャンプを全部跳びたい』と思って緊張していました。本番ではいつも緊張しますが、この緊張の質に対応できなかった」

また、氷が溶けて水が浮く部分もあったリンクコンディションについて、「条件は毎日変わるもの。それでもできる人もいるから、できなければ話にならない」と言い切った。

翌日には、「悔しさは分析できたつもりです。世界選手権や五輪などとは精神状態はまったく違うものだけど、これからアイスショーなどでオフシーズンを過ごしていくなかで試合のシミュレーションをしながらいろいろ研究していければと思います」と気持ちの整理がしっかりできていた。

「もちろん、左足のケガが悪化したこともあったけれど、その原因は練習の仕方にもあったと思います。後半に4回転を入れるのは、筋肉レベルではなく、その奥のほうまで衝撃が加わっているのではないか。そのなかで体の歪みが出たり、バランスがちょっとずつズレやすくなっていたのかもしれない。やっぱりハビエルのジャンプを見ていると、氷がどうのこうのではない。自分ももっと安定させるために出来不出来の振り幅を小さくしたり、質を上げるためにもいろいろ取り組んでいきたいと思いました」

四大陸選手権には出場せず、3カ月間準備をしてきたシーズン最後の大会で結果を残せなかった現実に、「悔しさも悲しさも感じた」。だが、思わぬケガから復活するだけに費やした前季に比べれば、成長も確実に感じられ、達成感も得られたシーズンだった。

そして、新たに見えたものもある。

「ＮＨＫ杯とＧＰファイナルでは、自分のプログラムとして完成し切れたと思います。自信になったし、そのうえで目指したい道が具体的に見えました」

ＧＰファイナルでは、ジャンプや得点だけではなく「芸術性を高めたい」と意欲を口にしていた。さらに全日本選手権以降は、難易度の高い4回転ループへの挑戦も示唆していた。そして、このふたつの目標を、別々ではなくひとつの塊として進化させていこうとしていた。

「ただジャンプの難易度を上げればいいということではなく、プログラムとしてどう完成させていけばいいかというのがものすごく明確に見えてきました。盛り上がりを考えれば、4回転を後半に跳べば『ウォーッ』と盛り上がりますし、僕自身もそうなります。でも、技術的なものだけではなく、もっと幅広く、違う視点から見ても『これはすごい』といったプログラムを目指していきたいです」

さらに、より高い技術を極めたいという強い欲求も芽生えた。

「技術の進歩で体への負担も大きくなっているのは事実だと思いますが、自分の感覚としてはそういうリスクがあるなかで難易度をどんどん高くしていったことに誇りを持っているし、現在世界記録を持っている人間として、さらに新しい扉を開ける存在になりたいと思っています。進歩にも限界はあると思うけれど、それは選手によって違うと思うんです。パトリック選手が『来年に向けてサルコウの練習もする』と言っていたように、彼も今が限界じゃないんだ、と思いました。成功するかどうかはわからないけど、僕たちとしてはもっと上を、もっと難しいものを目指してやっていきたい。そういうところも楽しんでいきたいんです」

ひとつの頂点にたどり着いたとも言えるシーズンを終え、新たな頂点を目指す。その時点ではそれがどんな形をした頂なのかは、まだはっきりとは見えていなかった。

ネイサン・チェンの登場

10代から世界を舞台に戦い、年上のライバル選手と切磋琢磨してきた羽生に、好敵手になりそうだと感じさせる年下のスケーターが出現してきたのは平昌五輪プレシーズンだった。

ジュニア時代から注目されていたネイサン・チェン（アメリカ）は、シニアデビューシーズンの16年ＧＰファイナルで、フリー得点1位となる197・55点をマーク。ルッツとフリップ、トーループの3種類4本の4回転を決め、2位になった。

そして、平昌五輪プレ大会として韓国・江陵《カンヌン》で開かれた17年の四大陸選手権でチェンは、フリーで4種類5本の4回転を入れるなどレベルの高い演技を披露。ＳＰのリードを守ってシニア初タイトルを獲得した。

16年12月の全日本選手権を欠場した羽生にとって、4年ぶり3回目の出場となった四大陸選手権は2カ月ぶりの試合だった。ＳＰ終了時点で3位の羽生と、1位のチェンの点差は6・08点だった。

フリーでは、気迫の込もった滑りで演技をスタートさせ、最初の4回転ループを決めると、4回転サルコウも難なく降り、ステップからは流れるような演技でフリップまでつなぐ完璧な滑り。だが、後半の4回転サルコウからの連続ジャンプは2回転になり、さらにその直後に1回転ループを入れてしまった。「失敗したあとにハーフループを入れて4回転サルコウを跳ぼうと思ったが、ちょっと非現実的だとためらいが一瞬あって戻してしまった」と説明する1回転ループを付けたことで、3回しかできないコンビネーションジャンプを1つ行なったことになった。

執念を見せたのはそこからだった。次の4回転トーループを決めると、トリプルアクセルに3回転トーループをつけ、さらにトリプルアクセルからの3連続ジャンプを4回転トーループ＋2回転トーループに変更。そして、最後の3回転ルッツをトリプルアクセルにして見事なリカバリーを見せた。

「4回転を4本入れることと、トリプルアクセル2本は外せないという気持ちがあったので、コンビネーションの回数を含めていろいろ考えました。とにかく失敗のあとはコンビネーションの3回転トーループと4回転をもうひとつということをすぐに考えました。ただ、最初のアクセルのところで4回転サルコウを入れようと思いましたが、ちょっとスピードが足りなかったのでトリプルアクセル＋3回転トーループにして、そのあとで4回転トーループを跳ぶことにしました。その直後にブライアンの顔が見えましたけど、『何やってんだ?』と言いたげな表情でした」

こう言って苦笑したが、練習でもこのようなリカバリーはしたことがなかった。

「一度だけ練習で最初のループも後半のサルコウもトーループもパンクしたとき、『なんだ？　この練習は！』と思って1回目のアクセルのところに4回転サルコウを入れて、次のアクセルを4回転トーループに変更するチャレンジをしたことがありました。でも、現実的にはやるべきことじゃないと思っていましたし、トーループもそんなに簡単に跳べないと考えていたので、今回、かなりとっさの判断でした」

演技を終えた瞬間、「やってしまった」という厳しい表情をしていたが、予定どおりの構成ではなかった演技に「収穫としてはいいものを感じている」と評価もした。

得点はリカバリーが生きて206・67点。合計を303・71点。しかし、サルコウが2回転になって失った点は大きかった。試合後、「300点超えがうれしかっただけで、勝てたとは思っていなかった」と説明したとおり、最終滑走のチェンは複数のジャンプで着氷を乱しながらも、後半に4回転サルコウを入れる構成に変更するなど、4種類（ルッツ、フリップ、トーループ、サルコウ）の4回転を5回降りる演技で204・34点を獲得。合計を307・46点にして優勝を決めた。

「フリーの得点が200点を超え、トータルも300点を超えてうれしかったのですが、結果として負けたので悔しいですね。それに4回転サルコウをショートと同じようにミスをしてしまった。そこの練習を早くしたいというのが今の気持ちです。サルコウは『ショートで跳べなかった』という感覚を少し持ってしまっていたので、結局それにとらわれていたというのが率直な感想です。練習ではコンスタントに4回転4本が決まるようになっていたので、試合で出せず悔しい気持ちがありました」

　この大会では「チェンの4回転の確率の高さに驚きを感じていた」とも言える。しかし同時に、チェンのような若手の存在が「自分の限界を引き上げてくれる大きな要因になっているのは間違いない」とも感じていた。

　この四大陸選手権でハッキリしたことは、優勝を狙うにはSPをパーフェクトにこなすことが絶対条件ということだった。練習では夏場からノーミスの演技を何度もしていながら、試合ではまだできていなかったこともあり、「試合での経験値の少なさが原因」と分析した。

　ケガの影響でシーズンに入る前のアイスショーに出られず、観客がいる会場でプログラムを滑る経験が不足していた点もある。

「まだループやサルコウに慣れていないという（自分への）言い訳が、頭の中にチラついていて、それが本音です。絶対にノーミスでできます。実際、練習では毎回ノーミスをしているので、その自信を糧にして世界選手権へ向けて生かしていければいいかなと思います」

　そして、この試合のもうひとつの収穫は、パンクしたサルコウを含めて「5本の4回転にトライできたこと」だった。

「トリプルアクセル2本は絶対に（演技構成から）外したくないので、4回転を5本にするにはもう1種類の4回転を跳ばなければいけない。だから、まだ現実的ではないと思いますが、4回転5本も視野に入った感覚はある。今は、年々技術的な難易度を上げていく過程で、まだ自分の演技を完成できていない。その意味では、若い選手に突き上げられる恐怖感と戦っているのではないですし、ここで1位になっても3位になっても追うべきものがたくさんあると思います。とにかく自分の完成形を試合で出したい気持ちが強いです。もっともっとレベルアップできるんだと感じられる試合でした」

――自分が持っているものを出し切れば、勝てる自信はあるか？　その質問に「はい、勝てると思います」と、はっきりと答えた。このあと、ヘルシンキで開催される世界選手権へ向けての宣言でもあった。

その世界選手権でＳＰは4回転サルコウのミスで5位。自己最高の１０９・05点を出した3連覇を狙うハビエル・フェルナンデスとは10・66点差があった。

しかし、フリーで3種類4本の4回転を決める完璧な滑りで世界最高の２２３・20点を獲得。合計３２１・59点で逆転優勝を果たした。それでも若い選手たちの足音は大きくなっていた。とくに、ＳＰ6位のチェンは、ミスはしたものの4種類6本の4回転を跳ぶ構成に挑戦していた。

加熱する競争

18年2月に平昌五輪を控える17－18年シーズン、ＧＰシリーズの初戦のロステレコム杯の公式練習で、新たな挑戦を続けることを満天下に知らしめる構成を見せた。フリー『ＳＥＩＭＥＩ』

の曲かけ練習では、冒頭のジャンプに4回転ルッツを持ってきた。ここではパンクして1回転になったが、続く4回転ループと3回転フリップを決めると、後半には最初の4回転サルコウを3連続ジャンプにして成功。4回転トーループは着氷が少し乱れたが、トリプルアクセルは連続ジャンプと単独ジャンプの両方をしっかり跳んだ。

　最初のルッツを4回転にする構成はかねて予定していたが、ＧＰシリーズ初戦から組み込む決定を下した。

「練習をしていて、初めから『ルッツを入れられるな』と思いました。五輪へ向けてどんどん試合を重ねていくわけですが、実際には試合数も限られています。試みた回数というのも一つひとつ大事になっていくと思うので、その意味でも、できるだけ早く挑戦したいと考えました」

　このシーズン初戦のオータムクラシックで学んだのは、「全力でできないことが、集中力を鈍らせる」ということだった。右膝に不安を抱えて4回転ループを封印したことで、フリーは後半のジャンプへの意識が過剰になった。現状をしっかりと分析して冷静に判断しているかに見えたが、それが集中力につながらなかったのだ。この時期なら難度の高い構成に挑戦してみて、もしうまくいかなかったらまた構成を変える選択もできる。

「集中力を途切れさせないためにも、今の自分の実力を一番発揮できる構成、一番本気を出せるプログラムでやりたいと思っています」

　それを早めにハッキリさせるためにも、まずは挑むことが大切と考えたのだ。

「自分が目標にしてきた構成に体がついてきたので、そういった意味でも『やっと始まるな』と感じます。ただ、今は五輪シーズンが始まったというよりも、一つひとつの試合を考えなければいけないと思う。この試合（ロステレコム杯）では、4回転ルッツやショートも注目されると思いますが、まずはフリーの曲かけ練習でできたこと、できなかったことを反省して調整し、次に向けてしっかりとやっていきたいです」

また、この試合の会場であるロシアのメガスポルトには特別な思い入れがあった。

「シニアに上がってからの2年間はここでのGPシリーズに出ていたので思い出深いですし、『帰ってきたな』という感じです。モスクワで合宿したこともあったので、すごく懐かしくて、落ち着いて試合に臨めるのではないかなと思います」

そうした思い出の多い場所だからこそ、4回転ルッツという新たな挑戦を選択した。曲かけ練習後も、ブライアン・オーサーコーチのアドバイスを聞きながら4回転ジャンプに挑み、イーグルからの4回転ループに成功。何度かパンクを繰り返した4回転ルッツも、最後はきれいに決めて客席の歓声を誘った。

「（4回転）ルッツのパンクが多かった理由は、フリーの曲かけのあとということもあったし、しょうがないと思っています。ただ最終的に、練習中に体力を回復させてルッツもしっかりと軸の取れたものを跳べているのでよかった。いい感じで調整しながらできています」

チェンを筆頭とする若い選手が成長してくるなか、攻めの姿勢でスタートした平昌五輪シーズン。4回転ルッツへの挑戦に踏み切ったロステレコム杯は、チェンに敗れたとはいえ、フリーではチェンの得点を上回り、4回転ルッツを成功させたことに納得もしていた。

結果的にこの挑戦が、11月のＮＨＫ杯での重大なケガを招き、平昌五輪へ向け、苦しい戦いを強いられることになった。それでも意志の強さで五輪連覇を果たした。その1カ月後、欠場した世界選手権ではチェンがフリーで4種類6本の4回転ジャンプを決めて324・40点で圧勝とさらに進化する姿を見せてきた。

強い選手と戦える楽しさ

18－19年シーズンはルール変更でフリーの演技時間が30秒短縮された4分になり、ジャンプの数も8本から7本に減少。これまでは演技後半なら基礎点が1・1倍になっていたジャンプも、ＳＰは最後の1本、フリーは最後の3本のみとなった。難度の高い4回転ジャンプの必要性がさらに高まるなかで、チェンは4回転の完成度を高めてきた。19年3月の世界選手権で、チェンは完璧な滑りをして世界最高の323・42点をマークして優勝していた。

このシーズンはＳＰ・フリーとも早い段階で仕上がりつつあった。だが、3戦目のロステレコム杯のフリー公式練習で右足をねんざ。強行出場し優勝はしたが、そのあとは治療に専念せざるを得ず、世界選手権は平昌五輪のように4カ月ぶりのぶっつけ本番の大会になった。それでもこの世界選手権で2位になり、ＳＰ後の記者会見でこう述べた。

「やっぱり強い選手と戦えるのは楽しい。スケートをやっていて『うまくなりたい』というモチベーションにつながります」

ギリギリの競い合いで勝つための条件のひとつが、ＳＰで優位に立つことだ。ＳＰのジャンプは4回転サルコウと4回転トーループ、トリプルアクセルという自信を持っている構成。このシーズンはＧＰシリーズ初戦のフィンランド大会で106・69点を出し、次のロステレコム杯では110・53点と、高い仕上がりを見せていた。

「この構成ではマックスの得点だと思う」とロステレコム杯では話していたが、「トーループに関しては少しグラついたところもあったのでもっときれいに跳べる」と修正できる部分もあると感じていた。だからこそ、世界選手権でロステレコム杯以上の滑りをしなければいけないと、自分で自分にプレッシャーをかけていたのだ。

手応えは十分にあった。公式練習から好調で、翌日午後の練習でリンクに上がってから3分弱でＳＰ冒頭の演技を始め、スピンやステップも含めたすべての要素をノーミスで滑ったが、そこに落とし穴が待っていた。

「6分間練習では4回転サルコウの軌道に入るタイミングがなかなか合わなくて、しっかり跳べたのは1回だけで、ワタワタしてしまって。そのなかで結局自信がないままでいってしまったのが（失敗の）原因のひとつです。はっきり言って4回転サルコウはウォームアップをしなくても跳べるジャンプだし、ショートもノーミスができるものだと思うので。それを信じ切ればよかったなというのが正直な気持ちです。なんというか、無駄に不安の原因を作ってしまった感じです」

結局、ＳＰは最初の4回転サルコウが2回転となって0点。その失敗だけでも13～14点を失って94・87点で3位発進となった。

「ちょっと気張りすぎた感じはあります。何よりロステレコム杯でいい演技ができていたからこそ『あれを超えたい』という気持ちもあって、すごく貪欲だった。タイミングが合わなかった6分間練習はソチ五輪のフリーの時のような感じだったが、一番悔しかった思いのあるあの経験をうまく使えなかったのを反省しています」

ノーミスで滑ったＳＰ1位のチェンとは12・53点差。「悔しさをフリーにつなげたい」と話し、優勝は極めて難しくなったとはいえ、フリーに向けては、最初に4回転ループにこだわる姿を見せていた。当日昼の公式練習では冒頭のポーズから4回転ループを跳んで4回転サルコウまでつなげる滑りを何度もチェック。氷から上がってからもリンクサイドでブライアン・オーサーコーチとともに映像を確認しながらイメージトレーニングを繰り返していた。

「ループに関しては感覚も悪くなくていいジャンプも跳べていたけれど、曲かけ練習で跳べていない不安感が一番大きかった。それにループを跳べてもサルコウを跳べないとか、ループを跳べなかったらサルコウを跳べるということが普段の練習でもけっこうあったので。かなりループに集中しなければいけないと思っていましたが、ループとサルコウの両方をというか、ループを跳べたらすぐにサルコウを跳ぶと決めていました」

フリーでは、冒頭の4回転ループをしっかり降りたが、次のサルコウは回転不足で着氷を耐えるジャンプになって大きく減点。それでも、そのあとの要素は丁寧にこなして滑り切り２０６・10点。合計を３００・97点にして最終滑走のチェンの演技を待った。

「３００点をちょっと超えたくらいでは勝てないと思っていた」というように、ノーミスで滑ったチェンの合計点は３２３・42点。羽生は2位だった。

「ループ以外のジャンプは全部信じていましたね。こうやって負けてしまって言うのもなんですが、すごく調子がよくて練習でもノーミスを繰り返していたので、ループさえ降りればノーミスができる感覚はありました」

翌日には、「今はすがすがしい気持ち」と口にした。チェンをリスペクトするからこそ、「ノーミスの演技をして彼に勝ちたい思いが強くなった」と。

「ネイサン選手に比べれば地力が足りないと思うので、これからはただの練習ではなくさまざまなことに着手していかなければいけないと思います。やっぱりプライドを捨てることはできないからエッジ系のジャンプは極めたいけれど、トー系のルッツやフリップ、それに4回転アクセルなど、得点源になるジャンプを増やさなければいけない」

「フィギュアスケートを極めたい」との欲求をさらに燃え上がらせた。

ライバルへの感謝

19－20年シーズン、ＧＰシリーズ初戦のスケートカナダは、フリーでわずかなミスをしながらも、チェンが世界選手権で出した世界最高得点に０・83点差の３２２・59点で優勝した。打倒・

チェンに手応えを感じていたが、その思いを強くして臨んだGPファイナルでは、再びSPで出遅れて12・95点差。

「4回転を1本増やしたからといってショートのあの差は縮まるものではないとわかっていたし、ネイサン選手も4回転を5本跳んでくるのはわかっていたので、難しいという感じはありました」

4回転ルッツを入れて4回転を5本にする構成を、用意はしていた。だが練習は十分でなかった。「できればその構成は使わないでおきたい」との気持ちのほうが強かった。

フリーでは、最初の4回転ループと4回転ルッツをきれいに決めたものの、演技後半に入ると4回転サルコウのあと、得点源の3本の連続ジャンプで相次いでミス。4回転トーループからの3連続ジャンプは最後の3回転フリップが回転不足になり、4回転トーループ＋3回転トーループは4回転＋2回転に。最後に入れたトリプルアクセル＋トリプルアクセルのシークエンスは、1本目のアクセルがシングルになった。

一方、チェンは完璧な演技で、後半の4回転サルコウと4回転トーループも高い加点。スピンやステップもレベル4でフリー世界最高の224・92点を出すと、合計335・30点で優勝した。

チェンとの得点差は43・87点。しかし、その差に関して、悲観してはいなかった。

「40点差と言われると、『何本ジャンプを跳べばいいんだ?』といった感じにはなるけど、細かいミスを続ければ続けるほどGOEの差がどんどん開いていって大きな差になる。降りられたジャンプはたくさんあったし、4回転ループと4回転ルッツに関してはかなり加点をもらっていたので、あとはきれいに降りるだけかなという感じもしています。それに、自分にとっては大きな得点源であるトリプルアクセルが（このフリーの演技に）入っていないということも、ものすごく大きい。あの構成をしっかり決めていれば、そしてショートでミスをすることなくもうちょっと得点を上げていれば、勝負になると思いました。だから、点数ほどの差は感じていないんです。ただ、それを試合でコンスタントにできるかといえば別の話。できるようになるには相当の努力をしなければいけないし、たぶんそれはネイサン選手もたどってきた大変な道だと思う。自分自身も最短のコースで、効率よくたどり着けるように練習しなければいけないです」

　自身の演技を「ジャンプ大会のようだった」と表現したように、丁寧であっても少し抑えた滑りにしてステップがレベル3になり、ＧＯＥ加点も低かった。スケートカナダではＧＯＥ加点を加えて20・90点にしていた4回転トーループ＋1オイラー＋3回転フリップは、フリップの回転不足で13・35点と落ち込んだ。トリプルアクセルからの連続ジャンプで合計27・53点稼いでいた最後の2本のジャンプも、4回転トーループ＋2回転トーループと、パンクしたシングルアクセルで15・05点にとどまっている。

「ショートに関しては、4回転トーループがうまくハマらなくて不安なので、どうやって変えていくかというのをちょっと考えなくてはいけないと思います。あとはショートでもルッツがこのまま確率がよくなってくれたら入れる可能性もある。いろいろ楽しみながら強くなっていきたい」

　チェンを上回るためには各要素のＧＯＥ加点で上回り、ノーミスの滑りで演技構成点を稼ぐ。さらにＳＰに4回転ルッツを入れることができれば、そこでプレッシャーをかけることができる。

　フリーに関してはルッツを入れた4回転5本の構成が「たぶんベースになっていくと思う」と

話したとおり、勝負のための特別な構成。そのために氷のコンディションを見ながら、ＳＰやフリーに4回転ルッツを入れ、確率を上げていく必要がある。さらには、挑戦中の4回転アクセルというオプションも心のなかにはあった。

加えて、基礎点が1・1倍になる終盤3本のジャンプにトリプルアクセル2本のシークエンスを入れようとしたように、連続ジャンプが1本のチェンに対して、トリプルアクセルを2本組み込み、3本すべてを高得点が獲得できる連続ジャンプにしようと、強いこだわりを持っていた。

「4回転アクセルを含めた高難度のジャンプと、プログラムの完成度の両方を求めるのは厳しいと思うし、僕も十分に承知しています。ただ、演技構成点に関しては、コンビネーションをもっと難しくしたり、つなぎの部分を増やしたり、スケーティングを丁寧にして表現も高めたとしても、たぶん5点もらえるかどうか。だから、そこまでこだわり続ける必要があるのかと言われると、今大会みたいにジャンプに集中して、ＧＯＥを稼げるようにしたほうが点数的には〝おいしい〟かもしれない。でも、それでは僕の中で、スケートをやる意味にはならないんですよね」

熱を込めた表情で自身のこだわりを話したあと、記者会見では何度も「隣にいるネイサン選手がすばらしい演技をしなければ、こういうふうに学ぶことができなかった。強くなろうと思うこともできなかった」と、感謝の言葉を口にした。

好敵手だと思うからこそ、力を振り絞って戦いたい――。そんな思いが強烈にあるからこそ、さらなる進化を目指した。パトリック・チャンやハビエル・フェルナンデスに続く強力なライバルにまた出会えたことに、感謝しながら。

3章

技術の進化

トリプルアクセルへの特別な思い

「自分がフィギュアスケーターとして幸運だったのは、小さい頃に受けた指導で、着氷のあとにきれいに流れていくジャンプを習得させてもらったこと」。そして最初に武器としたのはトリプルアクセルだった。かけてきた思いや時間、練習の質も量もすべてが、どのジャンプより多い思い入れの深いジャンプだ。

２０１７年世界国別対抗戦のあと、フリースケーティングの構成について4回転を1本増やして5本にするかということが焦点になったとき、トリプルアクセルへの思いをこう語った。

「トリプルアクセルにかける思いは、皆さんが想像できないくらい強いものがあります。ここまでスケートを好きになってこられたのは、何よりアクセルのおかげ。それがなかったら全日本ノービスでの優勝はなかったし、こうして自信をもってスケートをすることができていなかったかもしれない。だからトリプルアクセル2本は外したくない気持ちが強くあります」

そのトリプルアクセルの精度を磨き、10年世界ジュニアを制したあと、次に取り組んだのは仙台のリンクで一日中練習していたこともある4回転トーループ。このジャンプをシニアのＧＰ《グランプリ》初挑戦となった10年ＮＨＫ杯のフリーで初めて成功させると、11年2月の四大陸選手権は2位に入った。

さらに、翌シーズンはショートプログラム（ＳＰ）にも4回転トーループを組み込んだ。初出場だった世界選手権では、激しいねんざをしていてSPは7位。フリーでは中盤のつなぎで転倒するアクシデントもあったが、4回転トーループとトリプルアクセルでは高いGOE（出来ばえ点）加点をもらうなど各要素をしっかりこなし、1位のパトリック・チャン（カナダ）に2・71点差の2位の得点。合計得点で3位になり見事に銅メダルを獲得した。

4回転時代の到来

そして、拠点をカナダに移した2012‐2013年シーズン、新たに挑戦したのは他の選手のようにフリーで4回転トーループを2本にするのではなく、4回転サルコウを入れる構成だった。

その決断の背景には、12年世界選手権で複数4回転時代の萌芽が見えていたことがあった。表彰台の3人（パトリック・チャン、高橋大輔、羽生結弦）は4回転1種類だったが、4回転サルコウを得意とするミハエル・ブレジナ（チェコ）やハビエル・フェルナンデス（スペイン）は4回転サルコウも入れる2種類2本の構成に挑戦。また、ミスで下位だったケヴィン・レイノルズ（カナダ）は後半のトーループを含む2種類3本の構成に挑んでいた。

ソチ五輪シーズンへ向けては、13年8月、その2年前まで本拠地にしていたアイスリンク仙台で練習を公開。そこで、前季から4回転サルコウに挑戦した理由をこう明かした。

「4回転トーループに余裕が出てきたので、練習でも4回転サルコウにある程度気持ちを入れられるというか……。だからサルコウを抜いてトーループを2回というのは考えなかったですね。それは得点的にも、サルコウを4回転にしておくと後半でも連続ジャンプに3回転トーループを入れられる。トリプルアクセルからのコンビネーションジャンプに3回転トーループをつけられるし、3回転サルコウも跳べる。4回転を複数入れるのは何人もやっているけど、4回転サルコウを跳べる選手は数人ですし、せっかくそのジャンプを持っているのだから、武器を生かそうと思いました。もっともっと表現力を磨いていこうとは思っていますが、しっかりジャンプを決めることこそが僕のスケートじゃないかな、と」

この頃から、すでに複数種類の4回転の必要性を強く意識し、翌年には次への挑戦へ向けて動き始めていた。

「オールマイティーなスケーターに」

14－15年シーズン直前インタビュー（14年8月）

――新シーズンへ向けては、4回転ジャンプをSPで演技後半に入れ、しかもフリーでは3本と、技術的にも体力的にも難しい挑戦をしていますね。

以前も02年ソルトレークシティー五輪の頃までは4回転を跳ぶ人がかなりいて、本田武史さんもトーループを2本とサルコウを跳んでいました。でも今はそれに加えてレベルを取るためにスピンやステップもしっかりやらなければいけないから、本当に難しくなっている。技術はどんどん成長していくけど、これ以上は無理というところもあると思うし、10年バンクーバー五輪の時のように完成度を求められる時期や試合もある。ソチ五輪はみんな難しいことをしてフリーでは崩れてしまっていたけれど、これからの男子シングルスケーターは技術を向上させながらもバンクーバーの頃のように完成度がどれだけ高いかを求められていくと思います。

――それでも、徐々にではなく一気に難しくするのは大変ではないですか？

いろいろな人から「ループは入れないの?」と聞かれました。確率もよくなっているから技術的には入れられないわけじゃないと思います。ただ、「どこに入れるの」となると、前半に4回転3本は無理な話で……。それで考えたのは、まずは得意なトリプルアクセルを2本とも後半に入れたうえで、4回転も後半に跳べるようにしようとトーループを入れたんです。それだけは最初から決めていたから、ショートを作るときにも「後半に入れて練習にしちゃえばいいじゃん」ということになって。もちろん、脚の疲労度や音の感じは違いますが、「ここから後半だ」といった意識で跳べば精神的にも強くなると思う。なので、トレーニングのシーズンとして難しいことをして、なおかつ、結果も出せるようにしたいですね。

――18年平昌《ピョンチャン》五輪はもっと難しいことをしたいから、あえて高いハードルを設定したとの狙いもありますか？

そうですね。僕の場合はいつも2シーズンくらい同じ構成でいくんです。初めて4回転を入れた時も2シーズン目に安定して世界選手権で3位になれたし、サルコウも入れた次のシーズンに五輪王者になれた経緯があるので、やらなきゃいけないと思うんです。もし感覚がよかったらジャンプの種類を変えることくらいはたぶんできるだろうし。今シーズンがよくてほとんど外さなかったら、来年にでも最初の4回転をループにして、次をサルコウにすることも可能だと思うんです。ショートもそうで、アクセルはちょっと体力を消耗するけど、後半のトーループが安定したら最初のジャンプをサルコウにすることもできるはず。今年はいろいろな可能性をみてどれだけいけるかという感触をつかもうと思っていて、かなり追い込んでいます。

――追い込まなければいけない時期かもしれませんね。

ケガが少なくなってきて、自分のペースもわかり始めているので、これからどれだけ体力をつけて技術も安定させ、完成度の高いオールマイティーなスケーターになれるかですね。これから23歳くらいまでは男子選手が一番体を動かせる時期なので、しっかりとやっていきたいです。

高難度に挑戦する理由

14－15年シーズンは、前季のソチ五輪シーズンから2歩も3歩も先へ進む試みを考えていた。フリーで4回転ジャンプ3本に挑戦するだけでなく、基礎点が1・1倍になる演技後半に4回転を入れて得点力を伸ばし、さらに、その練習としてＳＰでも4回転を後半に入れることを目指していた。

だが、このシーズンではお預けになった。フィンランディア杯を腰痛でキャンセルし、シーズン初戦となった11月の中国杯は、フリーの6分間練習でハン・ヤン（中国）と接触してケガをするアクシデントが発生したからだ。

12月のGPファイナルは前シーズンの構成で臨んで連覇を果たしたが、全日本選手権後には尿膜管遺残症と診断され、手術を経て1カ月間の安静治療。3月の世界選手権に向けて後半の4回転挑戦に意欲は持っていたが、ジャンプ練習開始後のねんざにより2週間の休養を強いられたことで見送っていた。シーズン最後の世界国別対抗戦を終えたあと、目標にしていた試みに挑戦できなかったうえ、「完璧な演技がひとつもなかったのが悔しい」とシーズンを振り返り、種類が異なるジャンプを決める難しさを痛感した。

「曲をかけた通し練習でも、（4回転サルコウと4回転トーループの）両方がそろわないことが結構ありました。サルコウを降りたあとに疲労感があるというか……。トーループを続けて2本なら同じことをやればいいと思うけど、サルコウとトーループはまったく違うもので、感覚のズレが結構あります」

それでも、15年5月のアイスショー「ファンタジー・オン・アイス」では、難度の高いジャンプに果敢に挑戦する姿を見せた。まずオープニングでトリプルアクセルを跳んで客席を沸かせると、第1部は10－11年シーズンのエキシビションナンバーだった『ヴァーティゴ』を披露。3回転ループなどのジャンプを含め、スピンやステップを組み込んだ演技で、客席からは大歓声が上がった。さらに、フィナーレでは4回転トーループをきれいに決めた。そして最後のジャンプ合戦ではハビエル・フェルナンデスとともに滑り出すと、4回転サルコウを決めたフェルナンデスに続き、4回転ループに挑むも、一度転倒し、再度挑戦したが、今度は2回転になってしまって苦笑い。世界国別対抗戦のエキシビションのフィナーレで成功したが、当時は、まだ公式戦での成功者がいないジャンプだった。他の選手がリンクから去ったあとに3回目のトライをしたが、それも転倒。最後に、客席に向かって両手を合わせて謝るしぐさをしながらリンクを去った。

4月の世界国別対抗戦のあと、完成させることができなかった「演技後半に4回転を入れるプログラム」については、「翌シーズンも挑戦する」と明言し、練習では4回転トーループやサルコウだけではなく、ループやルッツなどの4回転にも挑んでいた。それは「4回転サルコウが（競技会で）今できる一番難しいジャンプ。その確率を上げるためにも、もっと難しい（ループやルッツなど他の）4回転に挑戦することで、精神的な限界値を上げられる」と思ったからだ。そして、エキシビションやアイスショーのフィナーレであっても、その考えは同じ。このアイスショーでの4回転ループ挑戦は、新しいシーズンへ向けての目標の高さを示すものだった。

それは、15–16年シーズンの戦いがより厳しくなることを予想していたからでもある。ソチ五輪銀メダルのチャンが、1年間の休養から復帰。新世界王者のフェルナンデスも力を伸ばしていた。他にも、日本の宇野昌磨を筆頭に世界中の若手が成長してきた時期だった。

味わった悔しさ

演技後半の4回転ジャンプへの再挑戦となった15－16年シーズンは、苦しいスタートとなった。初戦のオータムクラシックで、SP、フリーともにミスが出てしまったのだ。

「4回転トーループもそこまで苦戦しているわけではないですが、『後半に入れると難しい』という固定観念が若干あるのかな」と分析したが、その2週間後のスケートカナダでは、SPで4回転トーループはパンク。次の連続ジャンプのセカンドが2回転トーループになるミスでともに0点となり、73・25点で6位発進となった。トップの村上大介とは7・63点差、2位のチャンとは7・56点差。逆転を目指して臨んだフリー、後半グループ第1滑走者だった滑りは、少し硬さがあった。

「朝の公式練習から、かなりピリピリしていましたね。とにかく、過去にとらわれるじゃないですけど、ソチ五輪シーズンの世界選手権のように、まず自分を奮い立たせなくてはいけないという気持ちがありました。ただそれが過剰になって、公式練習はちょっとその気持ちにとらわれすぎてしまったのかな、という気もしますけど……」

フリー演技後にはこう話した。

「演技が始まる前はすごく緊張していました。練習もそうでしたけど、（4回転）サルコウを6分間練習で跳べないのは本当に久しぶりだった……。オータムクラシックではよかったですし、カナダへ来てからもそんなに悪くなかった。今朝から悪くなったので、どうしようと思いました。それでソチ五輪シーズンの世界選手権時のように、『気合で降りるしかない』と思ってやったら、何とかできました」

本番では最初の4回転サルコウを成功させると、続く4回転トーループも1・43点の加点をもらう出来。滑りやステップのスピードは抑え気味だったが、後半に入っての4回転は右手を少しつくだけでこらえて2回転トーループをしっかり付けた。

だが、力を使う滑りがそのあとのジャンプに影響し、それまで完璧だったトリプルアクセルの着氷が乱れてしまい、2連続ジャンプのセカンドは1回転に。そして、3連続ジャンプは何とか3回転サルコウを付けたが、最後の3回転ルッツは、エッジの後ろが氷に引っかかって転倒。演技後、しばらく両手を膝について下を向き続けているほど疲れ切っていた。

「フリーのルッツは感覚もよかったですが、4回転を降りたら最後のルッツは気を抜いてしまってコケるパターンは（過去に）よくあったので（笑）。今回は本当に最後の一滴まで絞り出すぞと思っていましたが、アクセルの入り方は特に2本目がぐらついてしまい、『よくあんな感じで跳べたな』と思うくらい力を使ってしまいました。だから、その次のループを跳んだ時点で、力を使い果たしていました」

SP後の自身の分析は、「調子は悪くない」というものだっただけに、フリーはノーミスを狙うのではなく、一つひとつの要素ごとに注意点を考えながら、練習どおりの滑りをすればいいと考えた。結果、ミスはありながらも、後半の4回転でこらえることができた。得点はオータムクラシックをわずかに上回る１８６・29点で、合計２５９・54点。ＳＰの他選手の状態を考えれば、逆転優勝の可能性もあった。

そこに立ちはだかったのが元世界王者のチャンだった。この大会では公式練習まではジャンプに不安定さを見せていたが、フリーでギアを一段上げて最初の4回転トーループ＋3回転トーループの連続ジャンプを成功させ、不安があったトリプルアクセルもきれいに決めた。重厚なステップで会場を盛り上げると、すべての要素でＧＯＥの加点をもらう完璧な演技で１９０・33点を獲得。合計を２７１・14点まで伸ばした。ＳＰ１位の村上も2度の4回転サルコウを決めて１７１・37点。優勝はチャン、2位羽生、3位村上となった。

演技を終えたあとに「やっと集中を切ることができました。ずーっと『ビシッ』という気持ちでやっていたので」と笑顔を見せてこう分析した。

「まだ『後半の4回転』にとらわれている自分がいるのが現実です。僕はフリーでは4回転を3本やってトリプルアクセルも2本入れています。対してパトリック選手は4回転とトリプルアクセルは１本ずつで、4回転＋3回転が入っているとはいえ3回転＋3回転はないですし、アクセル＋サルコウが入っているわけでもない。それを考えれば、ベースの得点は僕のほうが高いですから、ＧＯＥで稼げなかったのが反省点です。

演技構成点で6点以上の差をつけられたのが大きいですね。たしかに今回（のフリー）は練習どおりと考えていても、ＳＰの4回転の失敗が頭にあって、ジャンプはすごく丁寧に跳ぼうとして慎重になる部分があったので、スピードを出し切れなかった。それに、表現面でも出し切れなかった部分はあると思います。それを考えてもパトリック選手との差は明らかに離れすぎているので、もっと練習をして、徐々に詰めていくしかない」

フリーの新プログラム『ＳＥＩＭＥＩ』は終盤こそ曲調が盛り上がって勢いがつくが、前半から中盤までの曲調は静かなため、自分の内面から発する気迫で盛り上げていかなければいけない難しいプログラムだ。ＳＰ『バラード第1番ト短調』も含めて、難しい表現に挑んでいた15－16年シーズン。スケートカナダでは自らの力で苦境を乗り越えながらも、チャンの復活を見せつけられた、大きな刺激になった大会だった。

歴代世界最高得点を連発

2位となったスケートカナダでの悔しさを次への挑戦のエネルギーにして、1カ月後のＮＨＫ杯に臨み、練習後の記者会見では、新たな構成に本番で挑むことを表明。その理由をこう語った。

「スケートカナダでショート、フリーともに演技後半に4回転を入れるプログラムをやって、感覚的に『もうちょっと挑戦できるな』と思いました。練習で感覚がよかったので、難しい構成ではありますが、やってみたいと思って。後半の4回転は、後々ショートでも4回転を2回入れるための練習だと考えていたので、ブライアン（・オーサーコーチ）は『もうやるのか』とびっくりしていましたが、スケートカナダ後にはすでに決めていました」

公式練習では、SPの曲かけで冒頭に4回転サルコウ、そのあとに4回転トーループ＋3回転トーループを入れる新しい構成を披露していた。「もし後半の4回転がノーミスでできたとしても、それは前季に挑戦しようとしたことにすぎないし、さほど成長したとは言えない」と考え、さらに難度の高い構成に変更することを決めたのだ。ボーヤン・ジン（中国）が、中国杯で4回転ルッツ＋3回転トーループを成功させたことも、その思いに拍車をかけたと言える。

このNHK杯SPでは、それまでの2戦で感じられた、後半の4回転を意識しすぎたことによる窮屈さを一変させ、伸びやかに滑った。冒頭の4回転サルコウは、「よく耐えられた。ブライアンにもそう言われた」と苦笑するように、着氷で前に倒れそうになりながらも、エッジの先で何とかバランスを保った。次の4回転トーループ＋3回転トーループは、6分間練習でも見せていた完璧なジャンプでGOE2・57点の加点。フライングキャメルスピンもスピード十分のレベル4で、後半に入ってすぐのトリプルアクセルもきれいに決めた。ステップシークエンスも気合が入った切れ味の鋭い滑りでレベル4をもらい、躍動感溢れる演技を披露。歴代世界最高の106・33点を獲得した。

「この1カ月間は、自分でもびっくりするくらいに一生懸命練習をしてきました。ボーヤン・ジン選手が95点台を出しましたが、彼は自分ができることを精一杯やったからその得点が出た。僕も僕のできることをやるだけだと思っていました。失敗を恐れながらではなく、久しぶりにワクワクしながらやれました。完璧ではなかったけど全部のジャンプで立ったので、そのうれしさも久しぶりです」

さらに、〝魅せる〟ステップを披露できた要因については、「最後のトリプルアクセルをしっかり決められてスピンも思い切り回れたので、気持ちよく演技ができたという感じです」と手応えがあった。

2シーズン目になったSP『バラード第1番ト短調』はこれまで「なかなかノーミスをさせてくれない曲で、（挑戦する）楽しさがあった」。そして、ついにこの大会で、完璧な演技を達成したのだ。そうして喜びの表情を見せたあと、「フリーへ向けてしっかり気持ちを切り替えていかなければいけない」と、すぐに次を見据えた。

そして、フリーではそれまで苦しんでいた後半の4回転トーループ＋3回転トーループをきれいに決めると、216・07点の歴代世界最高得点を出し、合計も史上初の300点超えとなる322・40点。後半の4回転に対する「難しい」との苦手意識も乗り越えた。

さらに中1週間を置いたGPファイナルでは、高得点を期待される重圧と疲労のなかでも、SPで4回転サルコウと、4回転トーループ＋3回転トーループをGOE満点の3点をもらって110・95点。フリーも完璧な滑りで219・48点を獲得し、歴代世界最高得点を再び塗り替え、合計は330・43点。新たな構成も手の内にした。

押し寄せる高得点化の波

16－17年シーズンは、16年9月に公開練習がカナダのトロントで行なわれた。そこで、シーズンへ向けての新プログラムを公表するとともに、SP、フリーともに4回転ループを入れることを明らかにした。左足甲を痛めた状態で臨んだ16年3月の世界選手権は2位にとどまり、その後、左足リスフラン関節靱帯損傷と診断され、アイスショーには出演せずに治療とリハビリに専念。そんな状態を乗り越えての挑戦だった。

4回転ループについては、世界最高得点を出した15年GPファイナルで「もちろん考えなくはないですが、今すべきかどうかといえば、ちょっと疑問もある」と述べていたが、ボーヤン・ジンが4回転ルッツを、宇野昌磨が4回転フリップを成功させるなど、各国の選手たちのジャンプへの意識がさらに高まり始めていたことをふまえて、本格的に4回転ループを組み込むことを決断した。

4回転ループの採用に踏み切ったのは、負傷した左足への負担が少ないからでもあった。ケガで歩くことも制限されていた時期を含めた2カ月強の休養期間を経て氷上練習を再開したとき、最初に跳び始めたのがループだった。左つま先を氷に強く突くトールループを一日1回は跳んでいいという許可が出たのは、8月終盤になってから。4回転ジャンプで最初に練習を再開できた4回転ループは、夏場には高い確率で跳べるようになっていた。

公開練習で跳んだ4回転ループと4回転サルコウは、これまで以上に回転が速くなり、その理由とループに挑戦する意味をこう語った。

「やっぱりループを練習することで体の締め方が安定してきたのはあるし、軸の作り方が安定してきました。何より、プログラムの中でループが一番難しいジャンプになるので、サルコウが2番目の難度のジャンプという意識になって自信も生まれると思います」

15－16年シーズンは、各選手のジャンプの構成の難易度がより高くなって大会上位のスケーターが高得点を連発した。男子では、シニア1年目のボーヤン・ジンがルッツとサルコウ、トループの3種類の4回転ジャンプをＳＰとフリーで合計6回入れ、そのうち3回は得点の高い演技後半に組み込んだ。これを筆頭に、複数種類の4回転をＳＰで2回、フリーで3回入れることが当たり前になっていた。

さらに、選手たちはジャンプの質を上げ、跳ぶ前と着氷後に技をつなげることで、より多くの加点を得るための努力を重ねていた。すべての選手が細かなところまで神経を張り巡らせて得点の向上を目指し、演技構成点でより高得点を獲得するための対策をする状況が加速していった。

一方、高難度化のなか、ジュニア世代でケガが増えていたのも確かだった。このシーズンのジュニアＧＰファイナル3位の山本草太は足首骨折のため世界ジュニアを欠場。ジュニアＧＰファイナル優勝のネイサン・チェン（アメリカ）も全米選手権のフリーで4度の4回転を成功させて銅メダルを獲得した直後、エキシビションで股関節を痛めて世界ジュニア欠場となっていた。女子でも、ジュニアＧＰファイナル優勝のポリーナ・ツルスカヤ（ロシア）が、世界ジュニアのＳＰ直前にケガをして欠場と、男女ともファイナル王者がケガで世界大会を欠場する事態となった。

　そんな高難度化の傾向についてこう考えていた。

「ジュニア世代やノービスの選手を見ていてもそうですが、技術が進化していくなかで（体への）負荷も大きくなり、ケガのリスクもあると思います。体に伴わない技術の進歩というのが少し見られてきているのかな、と。これから技術がより進化していくことによって、体への負担が少なくなるジャンプの技術ができてくるかもしれないですし、あるいは、バンクーバー五輪の頃のように高得点化の波が落ち着いていくのかもしれない」

　技術の進歩とケガのリスクはある意味背中合わせ。若い世代の選手たちがシニアで花開くためにも、リスクをより少なくするための練習方法の検証も重要と考えていた。

演技を突き詰める

　16年のスケートカナダのあと、ブライアン・オーサーコーチから「トータルパッケージを大事に」と言われ、ふたりで話し合ったことがあった。オーサーコーチの目には、4回転ループに集中しすぎることで、他の要素が犠牲になっているように見えたのだ。

その意見に対し、「4回転ループも演技の一部だからまずそれをやりたい」と率直に考えを伝えた。演技を完成させるということは、プログラムに入れたジャンプを、それがどんなに難度の高いものであってもきれいに跳ぶことが不可欠と考えていたからだ。

「スケートカナダまではジャンプのためのスケーティングを重視してやっていましたが、そのステップをカナダで達成できたので、スケートとジャンプを一体化するトータルパッケージを作っていこうと（オーサーコーチに）話しました。その話し合いもあって、4年目にしてさらに垣根がない関係になってきたと思いますし、その後の練習の質も内容もよくなったと思います」

まずは4回転ループを完成させる段階から、次のステップへと進めなければいけない。だからこそ、11月のＮＨＫ杯では4回転ループを決めなければいけないと考えた。そのため、「4回転ループを跳ぶためにスピード的にはかなり飛ばしていった」と振り返る演技の入りになった。ループを決めたあとは4回転サルコウもＧＯＥ加点2・29点をもらい、コンビネーションスピンはスピード感のある回転だった。しかし、続くステップはややスピードが勝ってしまう滑りで評価はレベル3に。後半に入ると最初の4回転サルコウで転倒し、その後もトリプルアクセルからの3連続ジャンプでサードのサルコウが2回転になるミスが出て、プログラム全体の流れが少し途切れてしまった。

それでもフリー『ホープ&レガシー』で１９７・58点を獲得。トータルは前年のＧＰファイナル以来の３００点超えとなる３０１・47点で、2位のネイサン・チェンに30点以上の大差をつける圧勝となった。

「（前季に）３００点台を出した時は３２０点とか３３０点でその時に比べると３０１点は低いですが、ショート、フリーともにミスが出たなかでの３００点超えですから。今日はスケートをやっていてすごく楽しかった」

そう語ったとおり、さらに進化したプログラムのレベルの高さと、技術力や表現能力の高さを示す優勝だった。

「今回の３００点超えはホッとしました。もちろん、完璧にやらなくてはいけないとか、ショートで１００点を超えたから合計で３００点をとらなくちゃいけないとか、いろんな思いがありました。4回転ループに関してはもっときれいに跳べますし、他のジャンプもまだまだきれいに跳べるはずですから、伸びしろがある。表現に加え、スケーティングやステップ、スピンも足りないと思います」

このフリープログラムを作るために選曲や構成を考えたとき、「トータルでの表現」を考えた。その点では「もっともっと演技を突き詰められるし、微妙な呼吸感のようなものまで伝えられるプログラムにできるはず」と意欲をみせた。

「このシーズンのふたつのプログラムを楽しめる余裕が出てきて、お客さんと少しずつコネクトできるようになってきました。それが今回の成果だと思います。その点では、やっとベースができてきたな、と」

ＳＰでは最初の4回転ループでステップアウトしたが、それ以外はミスのない納得の演技。フリーでは、それまで苦しんでいた4回転ループを決めることができた。その意味でも、この

NHK杯でやっと、自らの新しい演技を突き詰めていく準備ができたと言えた。

17年世界国別対抗戦でつかんだ手応え

翌年の平昌五輪プレ大会でもあった、17年2月の四大陸選手権は、SPの出遅れが響き、フリーで優勝したネイサン・チェンを追い上げながらも2位。その後の世界選手権は、SPの2本目の4回転サルコウでミスをして5位と出遅れた。だが、フリーはループを入れた4回転3種類4本の構成を完璧に滑り切り、自身の歴代世界最高得点を更新する223・20点を出して見事に逆転優勝を果たした。

そして、そのシーズン最終戦の世界国別対抗戦で、次へ向けての手応えをつかんだ。SPは4回転ループがパンクして1回転になり、4回転サルコウは着氷で手を突いて連続ジャンプにできず想定外のミスで83・51点の7位。公式練習からの好調さを考えれば信じられない結果だった。

SP後、最初の4回転ループのパンクの残像が脳裏に焼きつき、夜、ベッドに入っても「頭の中に浮かんでくるたびに目が覚めてしまい寝られなかった」。そこで決意をしたのは、公式練習でも取り組んだ4回転トーループ＋1回転ループ＋3回転サルコウを入れて4回転5本の構成にすることだった。

挽回を期したフリー。最初の4回転ループは丁寧に跳んでGOE2・57点を取る滑り出し。だが、次の4回転サルコウはパンクして1回転。コンビネーションスピンから立て直し、後半の4回転サルコウ＋3回転トーループと単発の4回転トーループ、トリプルアクセル＋2回転トーループを決めると、次は挑戦を決めていた4回転トーループからの3連続ジャンプ。さらに最後の3回転ルッツをトリプルアクセルに変えたが、これはパンクして1回転半になってしまった。演技を終えて、そのトリプルアクセルについて聞かれると「意地でしたね。意地のパンクでした」と明るく笑った。

「あの時はいろいろ考えていたんです。イナバウアーをしてそのままアクセルに行こうか、それともイーグルからのアクセルにしようかと迷いました。でも、ここまで来たら一番難しいことをやって最後の最後は笑っていたいと思い、イーグルからのアクセルにしたんです」

それでも、「パーフェクトな演技を考えれば、前半の4回転サルコウが抜けなければ、最後にトリプルアクセルを入れることができないので。その意味ではそうした練習はしていなかったからこそ、ちょっと疲れが出てしまったのかなと思っています。試合ではありますけど、いいトレーニングにもなりました」と、納得の表情を浮かべた。

「とにかく（ノーミスだった）世界選手権なみのクオリティーのフリーをやろうと思っていましたけど、挑戦するという意味で自分に課していた課題は、後半の4回転サルコウを絶対に跳ぶことと、4回転トーループを2本決めることでした。だから、前半のジャンプはきれいに跳ぼうという意識はありましたし、スピンでビールマンをしていません。ステップも感情を込めていましたが、コントロールしていました。ある意味、こういう表現もありなのかな、と自分では思っています」

集中力が高まった世界選手権フリーは、無意識の部分があった。今度はそれを意識的にコントロールして再現しようと考えたのだ。結局、前半の4回転サルコウと最後のトリプルアクセルのパンクというミスはありながら、200・49点。フリー1位になって、日本チームの首位浮上へ貢献した。

「後半に4回転を3本入れられたのは、史上初というのは関係なく、自分にとってうれしいことだなと思います。間違いなく言えるのは、前半で跳んでいるかのような4回転サルコウ＋3回転トーループと、4回転トーループを連続で決めることができたので、やっと自分らしいジャンプを後半でも入れられるようになった」

こう話したが、翌シーズンへ向けてフリーで4回転5本の構成にするかどうかは、「まだ考えなければいけない」とも述べた。それは、世界選手権ＳＰでジェイソン・ブラウン（アメリカ）が4回転を入れないプログラムで93・10点を出したのを見て、感じたことがあったからだ。

「フィギュアスケートの面白さを教えられました。その点では自分の武器は何なのかをしっかり考え直していかなければいけない」

「世界選手権を終えてから、フリーに4回転を5本入れる練習をしましたが、実際に世界選手権の時のようなクオリティーで5本というのはさすがに難しかったです。ただ、時間もそんなにないなかで、しかも体力がだいぶ落ちている状態で、後半の4回転をきれいに2本決められて、もう1本も何とか3連続ジャンプにつなげられたという意味では、気持ちが乗っているときには武器になると思いました」とも話すように選択肢を広げられる演技になった。

「今できる最高を」

17－18年の平昌五輪シーズン、プログラムはSPを『バラード第1番ト短調』に、フリーは再演となる『SEIMEI』に決めた。フリーは4回転を3種類5本にしたうえ、演技後半にサルコウとトーループの連続ジャンプを含めた3本の4回転を入れる高難度の構成に挑戦することを表明。SPも、後半にトリプルアクセルと4回転トーループ＋3回転トーループの構成にした。シーズン初戦のオータムクラシックは、本番10日前に右膝を痛めたため4回転ループを封印。それでも、SPは冒頭を4回転サルコウにすると、サルコウとトリプルアクセルでGOE加点満点の3点、最後の4回転トーループ＋3回転トーループも2・80点をもらう完璧な滑り。結果は世界最高得点を更新する112・72点を記録した。

だが、フリーは、冒頭からルッツとループ、フリップの3回転を続け、後半に連続ジャンプにするサルコウとトーループ2本の4回転と、2本のトリプルアクセルを入れる構成。変更したのは「後半にトリプルアクセルを2本入れたいのがひとつの理由ですが、後半に4回転を3本にしてトリプルアクセル2本というのが、自分の中で難度が一番高い構成だと思っていて、夏の段階では練習をしていたので、しっかりやれる」と判断したからだった。冒頭に大技の4回転ルッツを入れる4種類5本の4回転も視野に入れ、後半のトリプルアクセルを2本にするという高いレベルへの挑戦は続いた。

そして、17年10月、GPシリーズのロステレコム杯では、大技の4回転ルッツに初めて挑んだ。公式練習での羽生の4回転ルッツは、それ以前に3回転ルッツが不調だったときのような回転軸が斜めになる傾向が見えたが、曲かけ練習では尻が落ちる着氷ながらも耐えていた。

SPは4回転ループでミスが出て、チェンに次ぐ2位発進。フリーの最大の焦点は、試合で初めて挑戦する4回転ルッツだった。本番では軸の方向を修正したジャンプを見せ、着氷でやや姿勢が崩れたもののGOE1・14点をもらい見事に成功。次の4回転ループは踏み切りにズレが出て3回転になってしまうミスがあったものの、続く3回転フリップはしっかり決めて立て直したかに見えた。だが、後半最初のジャンプの4回転サルコウは重心が落ちる着氷で連続ジャンプにできず、滑りのスピードが落ちて4回転トーループはパンクして2回転になった。

ルッツ以外はそうそうミスをしないと思われていただけに、記者からジャンプについて演技後に聞かれると、苦笑しながらこう話した。

「ループに関しては、やはりルッツとの兼ね合いがうまく取れていなかったです。集中の塩梅というか、うまく調整しなければいけないなと思いました。もちろん4回転ルッツを跳べるようになって、4回転ループの確率は格段に上がりました。僕の場合、難易度順に近い形で徐々にステップアップしていくタイプなので。ただ、難しいジャンプにばかり手をつけていると、他のジャンプにちょっと影響が出てしまうこともあります」

4回転ジャンプの跳び方はそれぞれ違い、「すべてを跳び分けている」。つまり、踏み切る瞬間に力を入れる部分や、ジャンプに入るまでの体や心の準備、タイミングの取り方などはすべて別のもの。だからこそ、複数種類のジャンプに同時に手をつけていると、少し混乱することもある。

「コントロールの仕方がまだまだだと思います。ここまで一つひとつクリアしてきたわけですが、僕は少しずつしか成長できないのだと思います。オータムクラシックのようにある程度簡単な構成でやった試合と、今回のようにほぼ全力の構成の試合を比較してみると、総合得点は今回のほうがいいですが、ショートは前回のほうがいい。『ショートをオータムクラシックの構成にして、フリーは今回の構成にすればいいのでは？』と思う人もいるかもしれないですけど……。ただ、僕はいろんなことに挑みながら、緊張して、本当に脚がグダグダになるまで滑ることができる幸福を感じながら今回の試合で演技していたんです」

そうした苦しい状態から、フリーの終盤は「絶対的な自信をもっている」と話していた4回転トーループとトリプルアクセルで立て直し、トーループには、4回転サルコウでつけられなかった3回転トーループを合わせて連続ジャンプにした。トリプルアクセルには両手を上げる2回転トーループをつけてＧＯＥ加点１・86点。最後のトリプルアクセルもきっちり決め、２つのスピンはともにレベル4。コレオシークエンスはジャッジ９人中８人がＧＯＥ満点をつけた。

フリーの得点は、１９５・92点。結果は、ルッツを含めて4本の4回転ジャンプを成功させたチェンが合計２９３・79点で優勝。羽生は３・02点差で2位となったが、フリーの得点では１位となり意地を見せた。

「やっぱり（4回転）ルッツを入れてやるのは大変だと思いました。今回は全体的に、この構成での滑り込みがまだまだやり切れていないという感触がすごくありました。フリーに関しては、4回転が2本抜けたうえに、コンビネーションも2本だけと、大きなミスをしました。それにも関わらず（フリーで）1位を取れたのは、やっぱり（4回転）ルッツがあったからだと思っています。ミスが多かったショートの結果が最終的には響いてしまったし、もったいなかったです」

　ＳＰは、前シーズンに、プログラム前半に入れていた4回転からの連続ジャンプを後半に組み込んだが、4回転ループも含めてほぼ変わらない構成のため、「成長できていない自分が悔しい」と話した。

　一方、フリーはこのシーズンから4回転ルッツを入れた構成で、気持ちの持ち方や集中の仕方、バランスの取り方など、まだまだ手探り状態。「それが羽生なんです。すみません」と笑い、「もっともっと練習を積み重ねる必要を感じました」と、次へ向けての決意を口にした。

　この果敢な挑戦は、次戦のＮＨＫ杯での重大なケガのため、平昌五輪へ向けて継続が難しくなってしまった。だが、もしこの時、ロシアで4回転ルッツに挑んでいなければ、たとえ無事に五輪連覇を果たしたとしても、自身に納得できない気持ちが残ったはず。「今できる限りの最高を目指す」。それが、羽生結弦だからだ。

「全然引退しないです」

平昌五輪明けの18-19年シーズンは、これまで勝っていなかったＧＰシリーズの初戦を制することができた。次のロステレコム杯ではＳＰ1位で滑り出しながらも、フリー当日の公式練習の4回転ループで失敗して右足首を痛め、その試合はそのまま出場して優勝したものの、その後の試合は欠場。ぶっつけ本番となった19年3月の世界選手権はチェンに大差をつけられて敗れた。

その戦いの最中、ＧＰシリーズのフィンランド大会に続いて世界選手権でもリンクコンディションに苦しみ、氷の状態に影響されやすいエッジ系のジャンプ以外に、トー系のジャンプが必要になることを痛感。4回転ルッツへの再挑戦も考えた。そして19年5月末からの「ファンタジー・オン・アイス」では、フィナーレなどで4回転ルッツや4回転フリップを跳んでいた。

そして4回転アクセルへの思いを語ったのは、19年9月にカナダ・オークビルで開催されたオータムクラシックのあとだった。この大会は、フリー本番を前に公式練習で4回転ループに苦しみ、演技前の6分間練習ではあまり積極的にジャンプを跳ばなかった。

「公式練習の時点で、最初のほうはよかったのに、だんだん悪くなっていったので、一発だけに集中しようということを意識しました。それが結果的にはよかったと思います」

フリー冒頭の4回転ループはしっかり回り切ったがステップアウト。前日のＳＰで転倒していた4回転サルコウも、回り切りながらステップアウトするスタートになった。

「最初の2つのジャンプでかなり無理をして耐えたので、その分の疲れはあったと思います」と、そこから先は少しスピードの鈍った滑りになった。後半のジャンプでも、4回転トーループ2本とトリプルアクセルからの連続ジャンプの3回転トーループが回転不足に。得点は180・67点にとどまり、圧勝したとはいえ合計得点は279・05点だった。

「ここまでループであまり苦戦していなかったので、ちょっとびっくりしました……。そのために4回転ルッツの練習もしているので、それを入れようかなとちょっと考えました。でも、公式練習から試合までの時間が普段の大会に比べれば短くてケガのリスクもあったので、ルッツではなくループで、形としてまとまればいいなと思っていました」

世界選手権後には「（柔らかい氷の場合は）トー系のジャンプのほうが影響を受けないので、必要かなと思う」と考えていた。そしてオフに入るとすぐに、平昌五輪シーズンのケガの原因になった4回転ルッツや、これまでやっていなかった4回転フリップの練習にも取り組む。「ファンタジー・オン・アイス」のフィナーレでは、その2種類のジャンプを披露するまでになっていた。

「この試合では、勝つ、勝たないをそんなに気にしないで、ショートとフリーともにノーミスをしたいと思ってきました。それができなかったのは残念だし、練習でできていたものができなかったのも悔しいですね」

当時目標にしていたのは、自分にできる最高難度のジャンプ構成で『オトナル（秋によせて）』と『Origin』を完成させること。まず、前年とほぼ変わらない構成でノーミスの滑りをし、次へ進もうと考えていた。フリー終盤の連続ジャンプも、前季にこだわっていた4回転トーループ+

トリプルアクセルを、「自分の納得いくものができたし、史上初も実現できたから」と組み込まず、4回転トーループ＋1オイラー＋3回転サルコウにして、トリプルアクセルからの連続ジャンプ2本の構成にする変更を加えた。回転不足をとられたと知った時は「普通に降りていたと思ったんですけど……」と驚きながらも、「自分の感覚としては疑問がないので、そこは気にならない」と言い切った。

オータムクラシックの試合後の取材では、「まずは今、自分にできる限界の、ルッツを入れた4回転ジャンプ5本にして、後半にサルコウとトーループ2本を入れる構成にしたい」と明言。その先には、「4回転アクセルも入れた構成で『Origin』を完成させたいという強い思い」があった。

その第一段階として、少し手直ししただけの構成でノーミスを目指した。

無理することなく、その日の体調や氷のコンディションで最良と思える構成にする冷静な判断。攻めまくるのではなく、しっかりと自分の足元を見つめ、さらなる進化を遂げるために、このオータムクラシックは次への重要な一歩になった。

「全然引退しないですからね、まだ」と、明るい表情で宣言し、22年北京五輪への思いも口にした。次の目標は、これまで3回出場しながら3回連続2位でまだ勝利を挙げていない鬼門、スケートカナダ。そこでノーミスの演技をして初勝利を挙げることだった。

ジャンプへのこだわり

19年オータムクラシックでは、大技・4回転アクセルへの意欲を口にしていたが、翌月のスケートカナダ直前には構成に「迷いがあった」との心境を吐露した。前戦のフリーは演技構成点が思うように伸びなかったため、それまでこだわってきた難しいつなぎをしながら、ジャンプを跳ぶことに疑問を覚えたからだ。つなぎの複雑な動きを外そうかとも考えた。ジャンプの確率を上げるためにはスピードを少し落とし、しっかり体勢を整えて跳ぶほうが明らかに成功する確率が上がるからだ。だが、スケートアメリカで3連覇を果たしたチェンの演技を見て、こう感じた。

「自分はやっぱり彼（チェン）のようなタイプではない。もちろん、彼にはない武器も持っている。だからこそ、難度の高いジャンプに挑戦しなければと焦るより、自分の演技をしなければいけない。これまでは現実のネイサン選手ではなく、自分が幻想化した彼と戦っていたのではないかとも思った」

あらためて再認識するようになったのは、ジャンプ単体の難度向上ではなく、プログラムの一部としての前後の難しいつなぎも含めたジャンプ。それこそが羽生結弦らしさではないか、と。

そして臨んだスケートカナダは、ＳＰをノーミスで発進すると、フリーでも自己ベストを更新。３２２・59点を記録し、4度目の同大会出場で初優勝を果たした。

「３２０点超えは、エレメンツ（要素）がひとつ多かったヘルシンキの世界選手権（16-17年シーズン）以来で、本当に久しぶりだからうれしいです。ただ実際まだGPシリーズ初戦なので、気を引き締めなければと思っています。今回の試合で、自分がやってきたことが少し肯定されたように感じました。オータムクラシックで点数が出なくて悔しかったのはもちろんあるし、スケートカナダはずっと苦戦していましたから。今回、僕の滑りを演技としてしっかり評価していただけたのはちょっとホッとしたというか、やっていることに間違いはないんだ、と。あとは、勝ち続けるために何が必要かということを、常にすり合わせながら練習をしていきたいです」

初戦のオータムクラシックからスケートカナダまで、迷いもあった。

「自分がやってきている道が本当に正しいのか、ということで少し迷っていたんです。（複雑なつなぎをやめて）静止状態からジャンプを跳ぶことが、果たして正しいジャンプなのかどうなのか……。たとえば、ステップから跳んだジャンプだったり、ジャンプのあとにステップをやったりとか、そういうものが全部評価されているのか、とか。これまではそういったことを一番重視してやってきていたし、そこが自分の武器だとも思っていたので、今回、評価していただけたのは自信になりました。その道を進んだうえで、4回転ルッツや4回転アクセルなどの難しいことをしていかなければいけないという確信になりました」

ジャンプのGOE評価は、跳ぶ前の滑りや、跳んだあとの難しい動作も評価の対象になっている。しかし、どこまで評価されているかは、判断が難しいことも事実だった。余分な動きをせずに、ジッと構えてから跳んだジャンプでも、高く評価される場合もあるからだ。

そんななかで、ジャッジの評価がより高難度のジャンプに寄ってきている傾向があるように感じて、それに合わせなければいけないという感覚になってしまった。

だがこのスケートカナダで、ループとサルコウ、トーループの4回転3種類の構成で320点台を出せたことで、その流れに少しでも「歯止めをかけられたのかもしれない」と感じた。そしてそれは、他のスケーターたちの「健康状態にも影響することではないか」とも語った。

「4回転ルッツが本当に難しいのかと言われれば、やろうと思えば皆跳べるかもしれないけれど、そこはもうタイプによりけりです。やっぱり、それぞれのスケーターの個性があり、それが評価される採点システムになった。それが、徐々に高難度のジャンプに傾倒していって、演技構成点との比率が合わなくなってきているのかなと思っています。

でも、曲と合えばジャンプ自体も表現のひとつだということが今回は見せられたと思うんです。そこは非常によかった。特に後半の4回転トーループ＋1オイラー＋3回転フリップ（オータムクラシックより基礎点を上げた初挑戦の3連続ジャンプ）は、しっかり音に合わせた状態で難しいことをやった。ジャンプでも表現できるのは自分の武器。それを評価してもらえるということを、ちょっとでも出せたんじゃないか」

得点は、新ルールでは前シーズンの世界選手権でチェンが出した世界歴代最高得点にわずかに及ばなかった。だが、「（スケートカナダは）ノーミスではないので、あと3〜4点はジャンプだけで上げられますし、伸びしろはある」とさらなるレベルアップに意欲を見せた。

どんなときも理想を胸に

「自分らしい演技を見せたい」。負けん気の強さが、19年12月、イタリア・トリノで開かれたGPファイナルで発揮された。コーチは1選手につき1人のみ入場できる基準だった大会だが、同行してきたジスラン・ブリアンコーチがアクシデントで一度カナダに帰国したため、SPはコーチ不在。演技後半の4回転トーループでミスをして連続ジャンプにできず、完璧に滑ったチェンと12・95点差の2位発進となった。

この大会のリンクは、日本人フィギュアスケーターで初の金メダルを獲得した荒川静香と、憧れていたエフゲニー・プルシェンコが優勝した06年トリノ五輪の会場でもあった。ここで、自分らしい爪痕を残したいと考え、中日の公式練習の最後には、体力の消耗を覚悟して4回転アクセルの練習に挑戦した。その挑戦の理由をこう明かした。

「正直な気持ちを言ってしまうと、ショートが終わったあとにわりと絶望して……。4回転サルコウと4回転トーループのコンビネーションの構成の『オトナル（秋によせて）』のハマらなさを『何でだろう』と、ずっと考えていたんです。でも、ネイサン選手との13点差は、フリーで4回転ジャンプを1本増やしたからといって縮まるものではないとわかっていたし、彼がフリーで4回転を5本跳んでくるということもわかっていた。それに、こんなプレッシャーでは絶対に潰れないという彼の強さも感じていたので、逆転はすごく難しいだろうなと考えていました。だからこそ、ここで何か爪痕を残したいという気持ちがあって。いろいろなことが重なって起きたけれど、もしそこに意味があるのだったら、今だからこそ、ここで4回転アクセルの練習をやってもいいんじゃないかな、と」

そのジャンプの練習過程の一部を見せたのは、「絶対に完成させる」という宣言でもあった。

「何が大事かという話になったときには、絶対に試合のほうが大事です。それは自分でもわかっていました。でも、この状況で、『何かを残さなければいけない』との使命感がすごくあったんです。たぶん、試合であのフリーの構成をノーミスでできることは不可能に近かった。だったらここで、自分のやるべきことをやろうと。やるべきことは4回転ルッツをしっかり跳ぶことだし、4回転アクセルを完成させたいという気持ちでした」

4回転アクセルの練習自体、10月のスケートカナダから11月のNHK杯までの間に1、2回しただけだった。その練習では回転が足りないジャンプも多いため、ケガをしてもおかしくない着氷になったり、転倒するリスクもあり、普段から練習する際には覚悟を決めていた。また、試合中の公式練習だからこそ、気合が入っていつもより体が浮き上がってケガをするリスクもあった。

その練習で無理をして力を使えば、翌日のフリーまで体力が持たないのもわかっていた。そんなリスクを承知しながら実行した。06年に五輪が行なわれたこの会場が、特別で憧れの地でもあったからだ。

そんな思いを抱えて臨んだフリーは、コーチが到着した安心感とともに、これまでとは違い、「ノーミスでなくてもいい」との心持ちだった。だからこそ、ルッツを入れた4回転5本の構成に挑んだ。それは新ルールで基礎点が1・1倍になるのは最後の3本となったジャンプに、4回転トーループ＋1オイラー＋3回転フリップと、4回転トーループ＋3回転トーループ、そして最後にトリプルアクセル＋トリプルアクセルを入れる、誰も真似できない超高難度の構成だった。練習で滑り込んでいたわけではなく、この試合でも使わないでいようと考えていたものだった。

そして、「絶対跳びたい」最初の4回転ループと4回転ルッツに集中し、結局、冒頭のジャンプに体力を注ぎ込むことになり、演技の最後にはミスをした。しかし、終了後に明るい表情でいられたのは、そんな吹っ切れた気持ちで臨めていたからだ。

「終わってみれば、本当にさまざまな気持ちはありますね。正直、できれば今回はこの構成をするような状況になりたくなかったけれど、一応練習をしておいてよかったなと思います。でも練習の回数としたら、通しでは1回やったくらいでした。ただ、トリプルアクセル＋トリプルアクセルにするつもりはなかったし、4回転トーループから3回転フリップへの3連続ジャンプもするつもりはなかったけど、その時の練習では一応ノーミスはできている。だから頑張れると思ったけど、やっぱり試合は大変でした。4回転ループと4回転ルッツの両方が跳べるようになったのはすごく大きな一歩だったけれど、同時に、もっとつなぎの部分であったり、音楽であったり、表現であったりを高めていきたい。スケートをしていて『腑に落ちていないな』といったようなことを考えながら、昨夜は過ごしていました」

フリーの194・00点の得点に、納得はしていた。得点源であるトリプルアクセルの成功は1本もなく、各要素でＧＯＥ加点をしっかり積み重ねられなければ、大差になることはわかっていた。さらに自分の演技が、「一生懸命なだけで、ただひたすら『ジャンプ大会』をしていただけのような感じもあった」と。

納得はできないながらも、自分がやりたいと思ったことを実行し、フィギュアスケートへの思いも伝えられた。次につながる道を、少しだけでも前へ進もうとしていた。それが4回転ルッツへの挑戦であり、4回転アクセルに挑む姿を見せ、完成させることを公言することだった。終了直後には「ケガがなくてよかった」と安堵感も湧き上がってきた。

「ルッツを跳べたし、ループも跳べているし、4回転も後半に3本入っていて印象は強いだろうけど、実際には点数をとれているジャンプが少ない。それでも、かなり実のある試合で成長できたと思います。世界選手権の時はネイサン選手に敵わないと思って、『もっと強くならなきゃ』といった感じで笑っていられたんですけど、今回は何か、勝負には負けたんですけど、自分の中の勝負にはある程度勝てた。だから試合としては、一歩強くなったんじゃないかなと思います」

挑もうとした4回転5本、トリプルアクセル2本の構成。自分に可能性がある最高難度の構成だと心の中で温めていたもの。どんなときでも理想を心の中で描いて持っていること。それこそがスケーターとして進化を希求し続けられる大きな原動力となっているのだ。

4章

芸術性

フィギュアスケートを極める

「表現し切る」

「僕の場合、パトリック・チャン選手（カナダ）や高橋大輔選手にプログラム・コンポーネンツ・スコア（演技構成点）で勝てるとは思っていないので。だから点数はきちんと計算して、いいジャンプを跳んでいくしかない。もっともっと表現力を磨いていこうとは思っているけれど、ジャンプをしっかり決めることこそが僕のスケートじゃないかな、と」

ソチ五輪シーズンに入る前の13年8月の公開練習で、自らの演技の特性をこう考えていた。このシーズンのフリーに採用した『ロミオとジュリエット』は思い入れのあるプログラムだった。

「小さい頃からやってみたいと思っていた曲ですし、東日本大震災後のシーズンに全国各地を転々としながらアイスショーで滑っていた頃の曲でもあるので、僕にとってはすごく大切なプログラム。今回は別の作曲者で曲調も違うから、雰囲気も変わると思いますが、今しかできない最高の『ロミオとジュリエット』をシーズンを通してやってみたい」

ショートプログラム（ＳＰ）に前シーズンと同じ『パリの散歩道』を選んだのは、「95点台の世界歴代最高得点を連発した時よりレベルアップさせて高得点を狙いたいという目標と同時に、ショートで余裕を持つことでフリーの完成度を高めることに集中できるメリットも大きい」と考え、エレメンツ（要素）の精度向上を目指していたからだ。自分の特質を見極め、何を武器にするべきかを冷静に判断していた。

そうした意識が少しずつ変化し始めたのは、このシーズンのGP《グランプリ》シリーズ2戦目のエリック・ボンパール杯で、SP、フリーともに歴代世界最高得点を塗り替える完璧な演技をしたチャンに完敗してから。

この敗北が、練習内容を考え直すきっかけになって、スケーティングなどの基礎練習に取り組むとともに、プログラムの通し練習で「表現し切る」ことを意識するようになった。

さらにこの試合後の記者会見でチャンが話した「曲や音を表現するために、膝の使い方を意識している」という言葉に刺激を受けた。

自分に足りないものに気づけば、シーズン中だとしてもすぐに克服しようと考え、向上心を持ち、挑戦を続ける。意識の変化に素直に従い、その気持ちを前面に出して思い切り戦ったからこそ、短期間でチャンとの差を詰め、ソチ五輪で勝利した。

ソチのエキシビションに込めた思い

14年ソチ五輪、閉幕前日の2月22日のフィギュアスケートエキシビションで、金メダリストとして川井郁子氏演奏の『ホワイト・レジェンド（チャイコフスキー作曲「白鳥の湖」より）』を舞った。

「これまでの僕は感情を出そうとすると、自分の内側にすごく入っていってしまうタイプだったんです。今日はあまり（感情を）中に入れないで、外に出そうと集中して、それができたと思います」

この『ホワイト・レジェンド』は11年に震災後初のアイスショーで使った曲。生命の危機を感じた大災害が、自分たちの住む地域に甚大な被害を及ぼした。復興へのメッセージを込めて、被災した街の人々が立ち上がる姿を想像して演じた。

「(『ホワイト・レジェンド』を)やるかどうか悩みましたが、金メダルをとったのでここ(ソチ)でやりたいと思いました」

ソチ五輪優勝後の記者会見で、海外メディアからも被災地への思いについて質問された時には「無力感を感じることもあった」と心情を吐露した。「フィギュアスケートで結果を出しても、直接的に復興の手助けになっているわけではない」「自分は何もやっていないのと同じではないか」などと思ったこともあったからだ。しかしだからこそ、金メダル獲得を「復興のために何かを始めるスタート地点にしたい」と話した。

「僕がこの曲をやることで何かが変わるとは思わないけれど、僕自身はこの金メダルからスタートしたいと思うので……。間接的でも復興のきっかけになったり、被災地を思い出すきっかけになってくれたらいい」

ソチ五輪金メダリストとしての第一歩を、この『ホ[illegible]ド』で踏み出した。

ひとりの表現者として

「ファンタジー・オン・アイス2014」インタビュー（14年6月）

――ソチ五輪優勝後、「表現を磨いていかなければいけない」と語っていましたが、恒例となったアイスショー出演についてはどう捉えていますか？

自分にとってアイスショーでも試合でも、全力を尽くさなければいけないという感覚があるんです。3回転ジャンプを跳ぶだけでも全力を尽くしてしまうので、めちゃくちゃ疲れています。自分の中に「トレーニングとしてのアイスショー」との位置づけもありますが、それとともに「どれだけ伝えられるような演技をするか」を求められている感覚もあって。今の僕には、それもまた違う意味でのトレーニングのひとつになっています。

――最近はシンガーとのコラボレーションもあり、求められるものも多くなりましたね。

これまでは、イメージ的に自分から音を出すような演技をしていたと思うんです。ビートを刻むのも好きだから、「自分から、自分から」といった感じで。でも曲が流れているしシンガーもいるなかでは、合わせることも大事かなと、少し思い始めて……。動きのメリハリのつけ方とか、手の動きや軌道をすごく意識しないと生演奏の曲と合わなくなる。そうなると、結局はまた「自分から、自分から」となってしまうので、そのあたりは今すごく注意しています。

――自分の気持ちを表現する面では、手段としての広がりも出てきますね。

そういう感じですね。せっかく歌詞のある曲をやらせていただいていますし、アイスショーならではの照明など、そういうすばらしい演出もある。そのなかではどれだけショーとして見せられるかを意識していますね。

――以前、アイスショーでは曲によって試合のときにはしない動きや切り返しをしなければいけないのを「楽しい」と話していましたね。

やっぱりひとりの表現者としては、どれだけうまくできるか追求することは、答えがないのですごく楽しいと思うんです。ただ逆に、答えが見えないからどうすればいいかわからないつらさもある。ショーには必ず振付師がついているからそのアドバイスをしっかりと受けながら、自分の動きとして取り入れていくことも意識的にしています。

――普段の試合のプログラムは、自分で熟成させたものを表現する。一方で、アイスショーはそうではない。いろいろなヒントがもらえそうですね。

試合は目の前にいる審判に対しての表現だからやりやすいところがあります。でもアイスショーは皆さんがお金を払って観に来てくれるものだから、観客席も３６０度の全方向と、下から最上階の席までを意識しなければいけない。自分の空間をどう広げていくか、本当に勉強になります。

――試合でもそういったことは必要ですね。会場のすべてを濃密な空気で支配しなければいけない。

そうなんです。それがすばらしいのは高橋大輔選手やジェレミー・アボット選手（アメリカ）で、自分の空間を作っているんです。だから見ていてもハッとさせられると言いますか、演技の動きの一つひとつがすごく鮮明に頭の中に残る。確かにジャンプも大事ですが、これからはそういう演技をさらに磨いていかなければいけないと思っています。

――アイスショーに積極的に出演するのも、そういう面で自分の可能性や空間を広げたい気持ちもあるのですね。

本当に自分を広げられるチャンスだと感じます。また、考えるきっかけを与えてもらっているとも思うので、ありがたいことです。

――今はショーで、自分が成長したり変化していく実感がありますか？

それはあるのですが、変化の最中だからうまくいかないこともけっこうあるんです（笑）。やっぱり表現としてしっかりやらなければいけないのもあるし、ジャンプを跳ばなきゃと考える自分もいる。その中間の気持ちもある。それを考えながらなので、すごく疲れるんです。「どうやって見せようか」というのを今は全力で意識して、ひとつとして同じ演技がない状態なんです。だから観ている人には、変化の過程も楽しんでもらえればと思っています。

細心の気配り

14－15年シーズン直前インタビュー（14年8月）

表現への意識を積極的に口にするようになったのは、五輪王者となったことで、さらに進化しなければいけないという思いも強くなったから。新シーズンへ向けてＳＰではピアノ曲に挑戦することを決めた。繊細な音をどう表現し、自分なりのプログラムにするか。それは表現者としての可能性を広げたいという試みだ。14年ソチ五輪後の新しいプログラムは、ＳＰが前季の『パリの散歩道』と同じジェフリー・バトル氏振り付けの『バラード第1番ト短調』で、フリーは初めてコンビを組むシェイ＝リーン・ボーン氏の振り付けで『オペラ座の怪人』。なかでもＳＰは「新たな挑戦」と意識するものだった。

――ジャンプを難しくして、なおかつ表現力も高めようと取り組んでいると思います。そのあたりの比率はどんな感じで考えていますか？

両方１００％で、五分五分だと思っています。一昨年、サルコウを始めた頃は、サルコウが１２０％で演技は40％でした。でも、今は五輪シーズンを終えて練習方法やベースがわかってきたので、五分五分でいってもケガをしないだろうし。それが五輪を終えて得た一番の収穫じゃないかと思いますね。世界選手権まで無事にやり切れたのは大きかったと思います。

——五輪シーズンでは「ミスできない」との思いもあって、攻めながらも守りの意識があったと思います。今季は思い切って攻めていけそうですか？

本当に解放されている気持ちはありますね。ただ、今年こそ僕の評価が固められるというか、「やっぱり五輪王者だね」と、ある程度評価されなければ、これから先がきついと思うんです。だから本気で取り組んでいきたいですね。

——曲に寄りかからずに自分の表現力を育てようと、表現が難しいショパンの曲を選んだのですか？

今年はとにかく、いろいろな方向性を試して自分の演技の幅を広げたいという感覚があるんです。フリーの『オペラ座の怪人』は1月頃には使うことが決まっていて、できたのは5月くらいですが、ソチ五輪前にはシェイ＝リーンさんもクリケットクラブに来ていたんです。ショパンに関しては、自分としてはジェフリー・バトルさんが表現しづらいと思う独特な曲をよく使っていたイメージがあるので、その感性に任せて違った感覚の曲を選んでほしいと思ったんです。それで「ピアノの曲をやりたい」とだけ言って候補を4つくらい出してもらって。最初がショパンで、それでいこうとなりました。

——「静」から「動」へじわじわと移行していく、前年のカロリーナ・コストナー（イタリア）の『ボレロ』のような難しさもありますね。

エッジの使い方がすごく大事なプログラムですね。昨年のショートはグイグイ滑って若さをバーンとアピールすれば、割と乗りやすくて僕に合っていた感じですが、今回はガーッと音の出る滑りだと目立つので、いかに静かなスケーティングで曲と一緒になめらかに滑れるかが大切です。

クラシックという「ど真ん中」ですから、どれだけ自分が曲に合った演技で強弱を出せるかですね。

——出力を調整し、徐々にギアチェンジしていかなければいけない。

クラシックは指揮者を見ても、本当に小さな動きから大きな動きまである。そういうところをどれだけ滑りで表現できるかが一番大事だと思います。何度も曲を聞き直し、何度もジェフの動きを見直さなくてはいけなくて、いつも以上に大変でした。だからこそ、完成させられれば、自信を持てると思います。昨年のパトリック選手はけっこう難しい『エレジー』で98・52点の最高点を出していたから、僕もこの曲でそれ以上の得点を出せれば表現の幅が広がったと自信になるし、ショートが得意だと本当に思えるようになるでしょうね。どうなるかわからない「諸刃の剣」みたいだけど、けっこう楽しみにしています。

——ジャンプだけではなく、滑りやエッジングまで気を配って練習をしなければいけないから、大変ですね。

難しすぎて、練習をしていても大変なんです。前年のショートと違って、「今日は滑っている」とか「今日は滑らない」というのがすごくよくわかるんです。

——力をバンッと使えないからですね。

そうなんです。しっかりスケートに乗れてないのがすごくわかるんです。でもそれを演技で見せてしまったらこのプログラムは絶対に完成しないわけで。その意味ではプログラムの練習を通してスキルアップになっていくかなと思います。

——ハンマー投げの室伏広治選手は「日常の練習をいかに万全な体調でするかということに細心の注意

を払っている」と言っていました。羽生選手の練習もそういうレベルになっているのではないですか？

その考え方はよくわかります。結局、練習はうまくなるためにするものですから。集中の度合いとかいろいろあるけれど、最終的には本番でどれだけうまくできるかということだから、ケガをしてまで練習をする必要はないですね。室伏選手はハンマー投げというすごく負荷のかかる競技をやっているけれど、僕らも負荷はかかっているんですね。ジャンプで降りるときに自分の体が受ける衝撃の大きさは、体重の数十倍とか数百倍とも言いますよね。

――幅の狭いスケートで着氷しなければいけないから難しいですね。

昨年（13年3月）の世界選手権では膝を痛めました。それでエキシビションに出られず、帰ってすぐ治療に専念して、1カ月半くらいスケートを休みました。それが治って久しぶりにリンクに立ったら、1回転ジャンプを降りるだけでも足の裏が痛いし、甲のほうまでビリビリするくらいだったんです。それで「こんな衝撃をずっと受け続けていたんだ」「自分たちの体は思っている以上に悲鳴を上げているのだな」と考えて、それからはしっかりオフも取って、万全な体調で技術をしっかり上げようと意識して練習しています。

――どんな競技でも休養することは必要ですね。

一番怖いのは集中力がなくなることですね。休養を取って、技術が落ちると恐れて練習をやり続ける人もいるけれど、僕は技術向上のためにオフを取ると割り切ることも必要だと思います。実際、僕は五輪前には、1週間のうち1日オフは当然で、2日取ったこともありましたから。たぶん自分が練習でも120～130％くらいの力を出してしまうタイプだから、余計に休養が必要だと。より高度なものに挑戦するからこそ、そのあたりは細心の気配りをしながらやっていきたいです。

新しい発見

「ファンタジー・オン・アイス2015」インタビュー（15年6月）

14－15年シーズンは、他選手との接触によるケガや手術などのアクシデントが続き、考えていたプランに挑戦できないままシーズンを終えることになってしまった。だが、じっくり考える時間が取れたからこそ得られたものもあった。地に足をつけて熟考することができた期間は、自らの演技をブラッシュアップする時間になった。

――大変なシーズンを過ごしました。その経験や精神面の成長などについてはこれまでも話していましたが、身体的にも時間的に制限されているなか、表現面でも考えることが多いシーズンだったのではないですか？

すごくありましたね。特に世界選手権の前はスケーティングだけの期間が長かったので……。でも、それだけで練習を終わらせるわけにはいかないので、プログラムの要所要所をみんなに見てもらって「ここが気になる」と指摘してもらえたり、自分でも気になっていたところをピックアップしていろいろとやっていました。『バラード第1番』はピアノの純粋な音を表現しなくてはいけなくて、音の取り方が難しいんです。振り付けをしてくれたジェフリー・バトルさん独特の音の取り方だったり、間だったり……。強弱のつけ方を、振り付けをしてもらった時の映像を見てもう一回、一からやり直していました。

――そうしたなかで、新しい発見はありましたか？

自分の視線の方向や顔の使い方だったり、音の使い方や間の取り方などに細心の注意をして練習することができました。体のちょっとしたしぐさや、手や背中のラインは、今までの自分のスケートに当てはめて考えながら、あらためて発見したことですね。これから新しいプログラムを作っていくプロセスで、また違った視点から見られるし、過去のプログラムも「あそこでこうすればもっときれいに見えたんだろう」といった視点で見られるようになってきました。

――その成果が、「思ったより得点が出ていた」と話していた15年世界選手権のショートだったのですね。

そうですね。あくまで僕自身が見てですが、ＧＰファイナルのバラードと、世界選手権のバラードは全然違ったんです。4回転でミスはしたけれど、表現面ではわりと気持ちよくできたので。

――そのような表現面の成長を見せられるアイスショーは、羽生選手自身も楽しみにしているのではないですか？

そうなんです。アイスショーはそういったものをフルに出せるところなので。ジャンプに点数がつくわけでもない分、もっと皆さんに見ていただきたいというのはあります。自分の感情をよりフルに出して滑ることができるとも思いますし。自分のその時の気持ちを表情や息づかいで届けたいといいますか……。その曲で表わしたいと思うものを、素直に出せるフィールドですね。

――幕張と静岡の公演では、歌手のシェネルさんとのコラボで『ビリーブ』を披露しました。これまで以上に大きさとメリハリを感じる滑りでしたね。

ああいうコラボレーションをたくさんさせてもらい、いろんな人の振り付けを踊らせていただくことで表現の幅も増えてきています。「このプログラムはこうやればいいんだ」「もっとこういうふうにやってみてもいいんじゃない」と考えるきっかけやヒントにもなっています。昨年は特に表現や音を意識して演技をしようと思っていたので、コラボレーションやアイスショーの舞台では、そうしたことをすごく意識していますね。

――14年には「試合ではどうしても審判に見せることを意識してしまいますが、アイスショーは360度の方向から見られていると意識しています」と話していましたが、やはり、全方向のお客さんに見せようとしているのですか?

もちろんです。ただ難しいのは、たとえば、背中を見せる動きでは背中を見せたいと思いますが、前から観ているお客さんもいれば横から観ているお客さんもいる。だからいつどこから写真を撮られても、といいますか、どの方向からその演技の場面を切り取って見られても「これを表現したいのかな」と感じてもらえるようにしたいです。

――手や体が動いたあとに、残像のようなものがスーッと心に残る雰囲気などもありますね。

そうした余韻というようなことをすごく意識しながら、アイスショーシーズンを過ごしています。

――次のシーズンへの試金石にもなりますね。

今後の自分のスケートにおいて、もうひとつレベルアップするための貴重な財産になると思います。誰でも、自分が得意な振り付けと、そうでない振り付けはあると思うんです。だけど、アイスショーだとコラボレーションやオープニング、フィナーレの振り付けで、「これは得意だな。この動きはできるよな」ということも見つけられますし、逆に「この動きはちょっと苦手だけど、こうしたらもっときれいに見せられるんだ」「こういう間が大事なんだな」と、動きにタメを作ることの必要性を学べる機会でもあると考えています。

――コラボレーション以外にも、また違ったことをすると聞きました。

これからやろうと思っているのは新しいエキシビション・プログラムです。かなり感情を出せるプログラムで、これまでの僕の経験や、その時の気持ちなど感情を込めてやろうと思っています。ただ、歌詞がないから受け取る皆さんの感情などは、たぶん僕自身のものとはまた違うのかなと思います。でも、僕はそれが一緒である必要はないと思いますし、「これを受け取ってほしい」ということでもないです。もちろん振り付けの宮本賢二先生との間では「こういうイメージでやろう」というのは固まっています。けれど僕が作り出すイメージはその時限りのものだから、その一つひとつを感じてほしい。観て感じるものが少しでも記憶に残ってくれれば、と。

――プログラムを観た人たちそれぞれが自由に感じ取ってほしいということですね。

はい。僕の演技が映像に残れば何度も観てほしいですけど、アイスショーは試合ではなく1回しかないですから。その時にライブで観て感じ取ったものというか、観ていて思い浮かんだ風景やそれぞれの経験、または思い出だったり……。そういうものを大切にしてほしいなと思っています。

僕はどちらかというと、何かメッセージを伝えるプログラムはあまり得意じゃないと感じているんです。バレエの先生などいろいろな方にプログラムを見ていただいたときも、「自分に入り込みすぎるな。もっと周りに向けて表現しろ」と言われていましたから（笑）。だから僕は周りに発信するのではなく、自分を表現することのほうが得意だと思うんです。

――それは昨年も話していましたね。自分の中に入り込みすぎる、と。

そうですね。もっと外に出したいと思ってファントム（『オペラ座の怪人』）を表現していたけど、結局は「そのファントムとは？」と言われたらやっぱり、自分の経験などを表現しようとしていたんだと。新しいエキシビションプログラムは自分の経験がかなり関わってくるものなので、自分のその時の心境を出すためにも完全に自分の中に入り込んでもいいなと思っているんです。自分の世界に感情や体を全部溶け込ませるくらいに滑り込んでもいいと……。だから、自分の生き様を観てくれた方々がどう感じてくれるかをすごく楽しみにしています。

経験や感情をそのまま込める

「ファンタジー・オン・アイス２０１５」の期間中に作り始めた新たなエキシビションプログラ

ムとは、音楽家の松尾泰伸氏が手がけたピアノ曲『東日本大震災 鎮魂歌「3・11」』で演じる『天と地のレクイエム』。自身の思いや感情を詰め込んだ、静謐《せいひつ》な舞だ。

『東日本大震災鎮魂歌「3・11」』との出合いは衝撃的だった。一度聞いてこの曲で踊ることを決めた。そして滑り始めると、自分の体の中に何かが降りてくるような感覚になった。

静かなピアノの音の中で演技が始まり、驚きと天への怒り、そして襲いかかって来る絶望感と無力感、心の中で暴れ回る感情が、体の隅々からしみ出てくる。

緊張感に満ちた3分27秒の滑り。氷上に2列の花を象った照明がポッと映し出されると、燃えさかっていた気持ちを心の中で静かに鎮めるかのように演技を終えた。

東日本大震災への思いを込めたプログラム。それを神戸で演じたことに、大きな意義を感じていた。95年の阪神・淡路大震災から復興へ向かってきた地であり、自身が東日本大震災で被災したあと、最初にスケートを披露したリンクだったからだ。

「神戸で『天と地のレクイエム』をやらせていただけたのは、本当にうれしいことです。神戸は大震災から復活した、というより、新しい素敵な街に生まれ変わった。その街で、皆さんの前で滑れたことは、本当に幸せでした。僕は先日、福島へ行ってきました。まだまだ復興はしていませんでした。これからも、皆さんが、東北のみならず津波の被害を受けた茨城県や千葉県のことも忘れずに、支援活動を続けてもらえたらと思います」

そしてマイクを離し、肉声で「ありがとうございました！」と感謝の言葉を口にしてリンクを去った。

1週間後、長岡市合併10周年記念事業として開催された「フィギュアスケート・アオーレ長岡」でも、志願して『天と地のレクイエム』を演じた。新潟もまた、04年の中越大地震で甚大な被害を受けた地。心の中にとどめていた震災への思いを、自分の作品として表現することで、また新しい一歩を踏み出した。

新たな表現への挑戦

15年6月、新横浜で開催された「ドリーム・オン・アイス」で、このシーズンのフリープログラムを初披露することになった。この時は短縮したアイスショーバージョンではあったが、笛と太鼓の音で力強く始まる映画『陰陽師』の曲を使用しているこのプログラムに、『ＳＥＩＭＥＩ』と名付けた。初めての「和」への挑戦。その決意の裏には「今の自分だからこそできる」という気持ちと、「自分がやらなければいけない」との思いがあった。

大文字のローマ字表記にしたのは、映画の題材となった平安時代の陰陽師である安倍晴明の名前にちなむとともに、「同じ発音の日本語が持つ、多様な意味を込めたいから」だった。

「今シーズンは、自分の幅を広げてみようという思いがあって、いろいろな曲を聴いてみました。なかなかしっくりこないまま、自分に合うものは何なのか試行錯誤して考えているうちに、『和モノもいいかな？』と思い浮かんできました。海外の人にもわかりやすいほうがいいと思い（映画の）『陰陽師』を選びました」

今の日本男子で、和のプログラムを表現できるのは自分しかいないとの自負もあった。繊細さや、力強さ、体の線の使い方を突き詰めていくことがこのシーズンのひとつの挑戦だった。

振り付けを担当したのは、前シーズンのフリー『オペラ座の怪人』で初めて組んだシェイ＝リーン・ボーン。

「彼女の振り付けの中で、自分の得意な動きがまだ確実にできていないし、お互いが完璧に理解し合えているわけではないと思います。そういう意味では、ジェフリー・バトルさんに作ってもらった『パリの散歩道』（13－14年シーズンのＳＰ）を滑り込んで、自分のものにできたように（今回の振り付けも自分のものに）したい。また、『ＳＥＩＭＥＩ』のようなテイストの曲は日本人に作ってもらったほうがもっと和の雰囲気が強くなると思いますが、日本らしくしすぎるのはどうなのかな？　という思いがあったので、（カナダ人の）ボーンさんにお願いしました。世界から見た日本のすばらしいところもピックアップできればと考えました」

プログラム作りの過程でボーンと一緒に日本の伝統舞踊についても調べていくうちに、狂言や能の動きを見て、流れるように歩く動きやなめらかさは「スケートにも通じるものだと感じた」。そうした動きを自分の演技の中に取り入れていくことも目標となった。

このプログラムは「自分の世界に入り込み、感情や体まで、すべてを溶け込ませるものにしたい」と、とことん滑り込んでいきそれが達成できたとき、プログラムとして完成する。そう考え、アイスショーでも真剣勝負を続けた。

『ＳＥＩＭＥＩ』を演じることで、和の表現とは何かということを深く考えた。そしてその経験が、ＳＰの『バラード第1番ト短調』などのさまざまな表現にも目を向けるきっかけになっていた。

「最初『バラード第1番』は、この曲をどうやって滑ればいいのかなとわからなくなったくらいでした。でも『ＳＥＩＭＥＩ』でいろいろ考えることで、『バラード第1番』をどういうふうに滑ればいいのか、どういうふうに表現していけばいいのかと考えられた」

そしてこのＳＰを2シーズン続ける意味もしっかり考えていた。

「自分を成長させてくれるプログラムだと思います。一つひとつの音が繊細で、ピアノソロだからこそ出てくる旋律やきれいな音、シンプルさがあるかもしれないですが、そうした物語性のない音符の上を滑っていくように表現する。演技が音に溶け込んでいくものにしていきたいです」

『天と地のレクイエム』などの新たな表現への取り組みも、強い思いでふたつのプログラムと向き合っていたからこそ生まれたと言えるだろう。

正反対の表現を操る

迎えた平昌《ピョンチャン》五輪プレシーズンとなる16–17年シーズンは、さらに新しい試みのプログラム選択をした。ＳＰは「言葉に感銘を受け、リスペクトしている」というプリンスの『レッツ・ゴー・クレイジー』で、フリーは久石譲氏の曲を使用して自身が名付けた『ホープ&レガシー』。アップテンポなロックのSPと、自然を表現する荘厳な曲のフリー。動と静。正反対のプログラムを表現したいと考えた。

16年9月、練習拠点とするカナダ・トロントのクリケットクラブで行なわれた公開練習では、トリプルアクセル、4回転サルコウや4回転サルコウ＋3回転トーループ、4回転ループを跳んでいった。SPの曲かけ練習になると、イーグルから入った4回転ループをしっかり決める。前季とは違った直線的な鋭さがあるステップ。そして、曲かけ終了後、曲中で失敗していたトリプルアクセルと4回転サルコウ＋3回転トーループを体に確認させるように成功させた。休憩後にトレーニングを再開すると、ミスをしたジャンプを中心に練習していき、その後、コーチのひとりであるトレイシー・ウィルソンから細かいつなぎや振り付けのアドバイスを受けていく。一つひとつ確認するように、曲を細かく分割して練習を繰り返した。

16年の世界選手権後は、左足甲のケガによって約2カ月間も静養していた。その後、リハビリを経て氷上練習を始めたが完治したわけではなかった。ジャンプは左足への負担が少ないループやルッツから練習を再開した。

「ここまで長く休んだことは今までありませんでしたが、無意味なものではなかったと思います。スケートとの両立がおろそかになってしまう時期もあったが勉強にも集中できたし、これからどういう気持ちで滑っていくべきかなど、いろいろ考える時間も過ごせました。（前シーズンに）歴代世界最高得点を記録してから報道が加熱して、何か取り残されているような感じになった時もありました。滑ることができない時間はスケートが恋しくなると同時に、解き放たれたような気持ちにもなりました」

この時の心中は複雑だった。

「やっぱり最高得点を出してからは、300点超えを背負い込んでいましたね。世界選手権でも狙っていましたから。ただ、そういったプレッシャーを自ら作り出して、自分を本当に、本当に追い込んでいけたからこその練習だったり、努力だったりはあると思う。もちろん、プレッシャーは試合時の競技力低下にもつながるかもしれないですけど、逃げるわけにはいかない。だから言ってみれば、それが自分の原動力だと思います」

静養中は「早く滑りたい」との思いを抑えることにも苦労した。心を落ち着かせたり、オンとオフのメリハリをつけたりすることなどに関しても考えた。

「これまで日常生活でも、どういうふうにスケートにつなげるかを考えていました。でもスケート一色だと頭も疲れてしまうので、どうやって日常とスケートのバランスを取っていけばいいのかな、と。『こうしなくてはいけない』と考えていたものをどんどん削っていって、最終的に目指すところを考えられた。大切な期間だったと思います」

焦りもあった。リハビリを始めた時が一番苦しかった。「すぐにでも滑りたい」との気持ちが一気に高まってきたが、その焦りを抑えてきた。

「ある意味、『安静期間』があったからこそ、いい意味で力を蓄えられた感覚はあります。今になってみれば、ですが」

そう言ってほほえみ、こう続けた。

「そういう時期を経て練習を再開し、最終的に今のような演技構成を考えられるくらいにまで戻せたのは本当に大きいと思う」

このシーズンの技術構成は、ＳＰでは４回転ループと４回転サルコウ＋３回転トーループを入れ、フリーは４回転ループ、単発とコンビネーションの４回転サルコウ、そして４回転トーループの３種類４本の４回転を組み込んだ。

「自分の表現の幅を出してみたいシーズンです。それも、曲が正反対だから表現も変わるのではなく、自分の体や心の中までまったく違っているような演技を目指していきたいと思います」

練習で見せたＳＰのステップは、激しく踊るなかで力強さだけでなく、しなやかさもある直線的な動きの鋭さだった。

「あのステップを（振付師に）作ってもらったときに、本当にこれで大丈夫かなと思ったんです。というのも、体力もまだ完全に戻っていないのに、全力で２００ｍ走をしているような感じというか。（そのステップは）ずっと走って、ずっと体を動かしている感覚が強くて。

もちろん『バラード第１番』のステップもすごくスピードが速くてエッジを倒すのが難しかったけれど、今回は特に詰め込んだ感じで。ここからここまでがステップという感じではなくて、振り付けとしてやっていけたらいいです。これまでのステップのなかで一番自分が乗っていけるもので、心から楽しみながらやっています」

一方、フリーは前季の『ＳＥＩＭＥＩ』を演じるなかで、表現について熟考して行き着いたものだった。

「曲を感じるままに表現できたらいい。僕はどちらかと言えば、以前演じた『ロミオとジュリエット』のように、感情を爆発させて畳みかけるように押していくタイプの曲のほうが得意だと思います。でも、『ＳＥＩＭＥＩ』を含めて、ショートの『バラード第1番』とエキシビションの『天と地のレクイエム』はまったく違ったジャンルで、違った風景があるものでした。曲の中のキャラクターがあるのは『ＳＥＩＭＥＩ』だけど、『バラード第1番』はピアノの旋律や楽譜、音符などを忠実に再現していくもので、『天と地のレクイエム』は風景や情景も含めた気持ちを出すものでした。どういうふうに表現すればどのように伝わるかを非常に考えました。そのうえで新しいシーズンのフリーは、曲から入ろうとするのではなく、テーマから入ろうと考えたんです。前年のショートとフリー、エキシビションを全部合わせたら、すごく気持ちよくできるだろうと思って。それで、あのプログラムに行き着きました」

自分のエネルギーや感情を爆発させるＳＰと、情感や風景、思いなどをピアノ曲の旋律に注ぎ込みたいと考えるフリー。これらは、直近数シーズンの集大成。それはこのふたつのプログラムをやることで次に目指すものを見つけたいとの思いもあった。そして、4回転ループを構成に入れるのは、ある意味必然だった。前年より進化させた技術構成のなかで、表現を突き詰めてフィギュアスケートとして完成された演技を追い求めたかった。

その時に自分ができる最大の挑戦をする。それが、羽生結弦というスケーターだ。

重鎮からのプレゼント

16–17年シーズンに手にした新たなエキシビションプログラムは、フィギュアスケート界の重鎮タチアナ・タラソワ氏から贈られたものだった。16年3月の世界選手権後、アメリカ・ボストンの会場で、「ぜひあなたに滑ってほしい曲がある」と声を掛けられ、イタリア人歌手のイル・ヴォーロが歌う『ノッテ・ステラータ（ザ・スワン）』をプレゼントされた。この曲はサン・サーンスの『白鳥』に、イタリア語の歌詞がついたラブソングだ。

「それまでもチャイコフスキーの『白鳥の湖』をアレンジした『ホワイト・レジェンド』を演じていました。同じ白鳥でもまた違った印象の曲ですが、ある意味、共通のテーマがある。『ホワイト・レジェンド』は東日本大震災があったシーズンのショートで、次のシーズンにはエキシビションプログラムにもした、僕自身がスケートを続けるきっかけになった曲。それと同様のテーマのプログラムというのが非常に感慨深いというか、自分の胸の中から湧き上がってくるものがありました。

今回振り付けをしてもらったときにこの曲を聞いて、イタリア語の歌詞のすごく雄大な歌の中にもしっとりとした『間』があって、すごくマッチして完成していると感じました。そこに自分は入っていけるかな、という気はちょっとしたけれど、震災後のシーズンから少しでも成長している姿を見せられるかな、と。あのときは黒紫の衣装の暗いイメージで、『飛び立つぞ！』というところまでを演じるプログラムだった。過去を拾い集めて、拾い集めてといったプログラムでしたが、今回は明るいイメージで全部を優しく包んで、しっかり前へ進んでいくようなイメージでやっています」

タラソワ氏から声をかけられた際は、「すごくビックリした」と話す羽生だが、すべてを包み込むスワンの雄大さを感じさせるプログラムだからこそ、自分の思いをしっかり乗せられると思った。

ジャンプは、羽生の振り付けを担当するデヴィッド・ウィルソン氏も気に入っている大きく跳ぶシングルアクセルと、トリプルアクセルの2本。

「一つひとつの要素がつながるプログラムだと思うので、ジャンプは技術的なものではなく、曲の抑揚などをしっかり表現できる一部にしたいと思っています」

このエキシビション・プログラムは、このシーズン2戦目のスケートカナダで披露した。SPはアップテンポのポップな『レッツ・ゴー・クレイジー』、フリーは自然を表現するゆるやかな『ホープ&レガシー』、そして、エキシビションは『ノッテ・ステラータ』。世界観の異なる3つのプログラムを演じることで、自身の表現の世界を広げたいとの気持ちの表われだった。

観客とのコネクト

16－17年シーズンは、「観客とコネクトする」ことも意識していた。11月のＮＨＫ杯で３００点超えを果たして優勝した際にこう話した。

「このプログラムで３００点を超えられたというより、やっとプログラム自体を楽しむ余裕が出てきて、お客さんとも少しずつコネクトできるようになってきました。崩れ落ちる形になってしまった（前戦の）スケートカナダとは違った感覚で滑ることができました。（会場が）日本だったからこそ、（観客とコネクトすることができた）ということもあるのかもしれないけれど、お客さんのほうへ目を向けたり、アピールしたりできたし、呼吸も一緒にできたと思う。観客席のない（練習拠点のカナダの）クリケットクラブで滑るのとはちょっと違って、難しい挑戦ですが、今までのスケート人生のなかでも、少し成長できたなと思うシーズンでした」

特にＳＰの『レッツ・ゴー・クレイジー』は、この曲を歌うプリンスのステージのようなライブ感を出そうとしていた。観客との空気間の醸成。それはアイスショーにもつながるものだ。

『ホープ&レガシー』は、17年の世界選手権で歴代世界最高得点を出すノーミスの演技で完成させた。そして、『レッツ・ゴー・クレイジー』はこの試合ではノーミスの演技はできなかったが、シーズン最終戦の世界国別対抗戦のエキシビションで、自身で納得のいくステップシークエンスを滑ることができた。それは試合で演じるプログラムの中では体力の配分もあって、これまでなかなか攻めきれなかった部分だ。

ＮＨＫ杯のＳＰ後にはこう述べていた。

「前シーズンのショートと違ってすごくテンポも速くて、スケーティングで魅せるのではなく、表現力が試されるプログラム。僕自身の武器のひとつに『荒さ』があるので、それを生かせるように、どんどん磨いていきたい」

荒々しさと冷静さが微妙なバランスで共存するような演技。それも自らが目指すものだ。

自身がプロデュースするアイスショー

平昌五輪で見事に五輪連覇を果たしたあと、そこからまた新たなチャレンジを始めた。自身が企画・プロデュースを初めて担当したアイスショー「Continues〜with Wings〜」を18年4月に開催した。

「思っていた以上にプロデュースに携わりました。パンフレットの構成だったり、演出まで。ライティングは自分の演目だけは全部やりましたが、トークショーの内容や出演スケーターの人選はもちろん、グッズのデザインまで、本当に細部にわたって携わりました。こんなにもたくさんの方々が力を使ってくれているからこそ、アイスショーは成り立っているんだということも勉強させてもらいました。やっぱり自分もアイスショーに出るからには、そういう人たちの力をもう少しいい意味で使わせてもらいたいとも思って。それは何というか……、『SEIMEI』のときとか『バラード第1番』のときも思ったんですけど、曲が自分の演技を作ってくれますし、衣装もその演技を説明してくれる。同時に、アイスショーは演出もあって。そういう周囲の皆さんの力があるから自分の演技にも深みが出てきます。『こうやりたいんだ、ああやりたいんだ』というだけでただポンと乗っかっているだけじゃなく、いろんなものを作ってくれている要素の中に自分も一緒に溶け込んで、みんなで立ち上げたいというイメージがすごく湧いてきたんです」

　そうした経験や発見を経て、アイスショーに臨む気持ちがこれまでとは少し変わってきていた。

「たとえば、『ファンタジー・オン・アイス』の時は自分たちの練習が終わったらお昼ごはんを食べたりしていますが、その時にちょうどアーティストの方は音合わせのリハーサルをやっているんです。申し訳ないなと思いながらも、ごはんを食べながら聞かせてもらっていました。そこで思ったのは、自分の中に曲があって、そのうえでボーカルがあり、他にもバイオリンやギターもあって、というふうに曲はいろいろな部分の土台の上にあるということ。それは僕たちスケーターにとって、曲があるうえでスケートがあることとすごくつながると思っていたんです。そういうことを勉強していきたいと思っていましたが、同時に、この歌声やピアノなど、それぞれのパートの方たちにはそれぞれの思いやリズム、テンポがあるんだなと気がついて。それに自分がどうやって融合していくかを考えながら、リハーサルを聞いています。うまくできている部分もありますが、まだまだな部分もあって試行錯誤している状態。ちょっと大変ではあるんですけど、いろいろと考えたりしています。それでも感触としてはすごく楽しく滑れていますし、ある意味、新境地に挑戦中という感じです」

それまでの「ファンタジー・オン・アイス」は、新シーズンへ向けての練習を兼ねる意味もあり、新しいプログラムを滑ることが多かった。しかし、この年は右足首のリハビリ中で、3回転まで跳べていたジャンプはアクセルとトーループ、サルコウだけという状況。痛めた右足を大きく使うジャンプに関しては1日1、2回と制限していたため、新プログラムではなく、幕張と次の金沢公演でボーカルデュオのケミストリーの『ウイングス・オブ・ワーズ』を披露した。

「右足首も実感として本調子ではないので、コラボレーションがひとつだけということになってしまっていますけど、そのなかでも何か大きなものを学べていると思います。競技会や、コラボレーションではない演技をするときのアイスショーもそうですが、普通は、曲がひとつ平坦なところにあってその上にスケートが乗る。だからプログラムを演じるのは自分の技術とか自分の思い、そういうものがあってのプログラム。でも、今回はコラボレーションで多くのものが乗っているので自分の思いだけでもダメなんです。その点ではすごくプレッシャーを感じています。まだ本調子ではなくて跳べるようになったばかりのトリプルアクセルとか、練習してこなかった3回転トーループなど、技術的には今の自分としては確実でないものを入れ込んでいます。プレッシャーとも戦いながら、また、新境地を探しながら、という感じです。

ケミストリーのおふたりは、たぶん、それぞれが身体の中に持っているリズムもまた違うんだと思います。そんなおふたりの掛け合いでできているプログラムでもあるので、だからこそ、自分がそのどちらかに寄るのではなくて……、どちらかに寄らなければいけないパートもあるんですが、そこに羽生結弦として入っていく。その3人で作り出す多面的なプログラムにしていきたいなという思いが強くあります」

『レッツ・ゴー・クレイジー』を新プログラムとしたときは、「ライブ感を出したい」と意識していたが、同時に、こうも考えていた。

「僕はこれと決めたらその道をバンと突き進むほうが、いろいろなことを考えられるし、いろいろな自分を出せると思うんです。たとえば、歌手でもライブで歌うとまったく違うものになるし、CD音源もリメイクをしたら違うものになる。僕は一回一回全然違う演技ができると考えています。だから、そういう違いをもっと大事にしたら、もっといいものになるという手応えがある」

もし10回演技をするなら、10通りの感動を与えるプログラムにしたい。特にアイスショーはジャンプを制限されるからこそ、まだ色のついていないコラボレーションの演技をすることで、演技の表現や可能性を広げられるはず――。表現を追求する旅路は続いていく。

レジェンドへのリスペクト

18年平昌五輪で五輪連覇の偉業を達成した次のシーズンは、小さい頃から憧れていたレジェンドたちへの思いを形にしようと試みた。それは、次なる道を模索するための挑戦だった。

18年8月、カナダ・トロントで行なわれた公開練習で新プログラムを発表した。SPはジェフリー・バトル氏による振り付けの『オトナル（秋によせて）』。フリーはシェイ＝リーン・ボーン氏振り付けの『Origin』。幼い頃から憧憬の念を抱くジョニー・ウィアーとエフゲニー・プルシェンコがそれぞれ使用した曲だ。

「フリーはプルシェンコさんが『ニジンスキーに捧ぐ』で使っていた曲で、これは僕がスケートに没頭するきっかけになったプログラムです。自分のスケート人生の起源というか、根源的なものを感じて滑りたいと思ってこのタイトルにしました。ショートも非常に印象に残っているプログラム。ウィアーさんのスケートに見入り、スピン時の手の使い方や柔らかい表現、間の取り方、ジャンプのランディング姿勢など、一つひとつに注意をして演技をするようになった曲です」

平昌五輪で金メダルを獲得して連覇を達成したあと、ケガでスケートができない1カ月間、ずっと考えていた。「もう勝ち負けに固執しすぎる必要はない。自分のために滑ってもいいかな」。そう思い、このふたつの曲に決めた。自ら企画・プロデュースしたアイスショー「Continues〜with Wings〜」にウィアーとプルシェンコに出演してもらった際に曲の使用について伝え、「すごくうれしい」「頑張ってくれ」とふたりから了承を得た。

「平昌五輪で優勝することは幼い頃から決めていた人生設計でしたし、自分の中では決定事項だった。ソチに続いての五輪連覇がこれからの人生で絶対に大事になると思っていたし、連覇を背負っていろんなことをしたいと思っていました。その大事な舞台で自分の力を出し切れない状況になったもどかしさはあったけれど、過去も捨てて未来も捨てて、『この時だけ』と集中して結果をとることがすべてだ、と。だから全力でできたのかなと思います。ノーミスではなかったですが、あれだけのガッツポーズができたのは、あれが自分の最大限だったと思えたからですね」

五輪シーズンに選んだプログラムの『バラード第1番ト短調』と『SEIMEI』は、勝負を懸けるための選択だった。

「何が自分のマスターピースなのか。何が自分の完全体なのかと……。自分にとっての完全体をどうすれば見せられるかということに、すごくこだわってきた4年間だった。だからこそ、足首の痛みもあった五輪前の苦しい練習でも、『4回転ループを跳べないくらいならお前は五輪へ行くな』自分にそうプレッシャーをかけて、やってきた。

なんとか4回転ループを降りられるくらいにはなった。でも、そのくらいの確率ではプログラムに組み込めない。だから公式練習からプランを組み立てる際にも、自分の感覚だけではなく、周囲の意見もいい意味で自分のために使うことをものすごく考えていました。

フリーで後半の4回転トーループにコンビネーションが付かなかった時、安全に考えて次のトリプルアクセル＋2回転トーループをきれいに跳ぼうとするのではなく、とっさに3連続ジャンプにしたのも、僅差で負けて苦渋を味わってきた経験があったからこその選択だった。それで納得できる演技が最終的にできたのかなと思います」

苦しい戦いを乗り越え、ようやく安心して次へ進めた。

「曲と自分との関係も、その曲にどういう深みがあって、その深みを作るために自分の演技をどう融合させていくか。今はそんなことをすごく考えています」

この年から、新たな競技人生を生きようとしていた。

「競技人生というより、スケート人生が新たに始まった感覚があります。今までは五輪で勝つことが一番大きかった。それだけをモチベーションにやってきたところもある。だから今は、その大きなモチベーションを失ったかなと思います。ソチ五輪で金メダルをとったとき、あまりにもつらすぎたからやめようとも思っていたんです。やっぱり小さい頃から平昌で優勝したいと思っていたので、五輪連覇が目標になっていた。だから、平昌で連覇できたあとは『ああ、もう終わった』と思っていたんです。ただ、自分の心の中にちょっとモヤも残っていて……」

新たなスケート人生の第一歩に、憧れのスケーターのプログラム曲を選んだのは必然だった。そして、リスペクトするレジェンドたちと同じリンクで演技することで実感したこともあった。

「自分では、圧倒的な差を感じているんです。プルシェンコさんやジョニー・ウィアーさんだけではなく、ステファン・ランビエルさんやジェフリー・バトルさんなど、いろんな人たちとアイスショーを一緒にやらせていただいていますが、スケーターとしての自分と、もしくは人間としての自分と（彼らを）比べると、圧倒的な格の差を感じます。年齢的なものかもしれないし、これからいろんなことを経験して出てくるものかもしれないし、円熟味というものかもしれない……。いろいろなアイスショーをやってきてすごく感じたのは、彼らが自分のことをリスペクトしてくれていることでした。『五輪で2回金メダルをとるのはすごいことだよ』と、何度も言われました。それがすごく大きくて、五輪連覇の自信につながっていきました。自分が認められるようになってきたこととともに、今回選んだこの曲たちに関しては、ただ単純に自分が小さい頃に滑りたかった気持ちを大切にしたい。そんな思いでした。

以前はプルシェンコさんの『この部分』を受け取ってウィアーさんの『ここの部分』を受け取ってとか、自分の色じゃなくて尊敬している方々の演技や表現をつなぎ合わせて自分になればいいな、と思っていたんです。でも、やっと去年(17年)くらいから自分らしさが見えてきていて。『春よ、来い』とか『天と地のレクイエム』などもそうなんですけど、自分の色がやっと出てきたなと……。だから、尊敬している方のプログラム曲にその色を入れたうえで、リスペクトを持ちながらやってみたい。そんな気持ちがあります。同時に、今は自分の好きなようにしてしまおうかな、とも思っていて。今は達成感が大きいので、素直に自分の気持ちとか、大きな意味での童心にあった夢を、素直にかなえてあげようと。今は、なんというか、すごく子どもに戻った感じです」

この時の公開練習での『Origin』のステップは、これまでの『SEIMEI』や『ホープ&レガシー』などとは違う印象を与えた。

「シェイ=リーンさんが振り付けを考えるとき、『古事記』にインスパイアされたと話していたので。それもあって『Origin』と名付けたんです。でもシェイ=リーンさんが難しいステップを作ったから大変なんです。休みどころがなくて」

これからのプログラム作りを、「みんなに共感してもらえるものに、それぞれの人たちが持っている背景に訴えるようなものにしたい」と考えていた。観ている側がそれぞれに想像できる、映画のようなプログラム。そんなフィギュアスケートの魅力を披露し続けていく。

5章

プログラムを磨きあげる

パリの散歩道

数々のプログラムの中で、大きな印象を残したもののひとつが『パリの散歩道』。14年ソチ五輪で、五輪初出場・初優勝の大きな要因となったショートプログラム（ＳＰ）だ。

08年世界王者のジェフリー・バトル氏が振り付けをした、ギタリストのゲイリー・ムーア作の曲。そのギターの音色は、情感を幻影のように残しながら滑るスケーティングと絶妙にマッチしていた。

シニア２シーズン目の２０１１－２０１２年シーズンからフリーだけでなく、ＳＰにも入れていた４回転トーループの精度も上がり、12年のＧＰ《グランプリ》シリーズのスケートアメリカとＮＨＫ杯ではＳＰで『パリの散歩道』を演じて、それぞれ95・07点、95・32点と当時の歴代世界最高得点を連発した。

完成度を上げていながら、シーズン最後の13年世界選手権は直前の膝のケガもあって崩れた時は「悔しかった。まだ（『パリの散歩道』は）本当に完成はしていない」との思いもあり、ソチ五輪シーズンでも使うことを決めた。

シーズン前のアイスショーでの『パリの散歩道』の滑りについて、のちにこう振り返った。

「お客さんに観てもらうことをすごく意識したプログラムでした。その意識がその後も生きていて、表情を柔らかくしながら、ジャンプに集中できています」

そして、勝負の13－14年シーズン。ＧＰシリーズ2戦目のエリック・ボンパール杯で自己記録をわずかに更新する95・37点を出し、その後のＧＰファイナルでは99・84点をマーク。その勢いのまま出場したのが、ソチ五輪だった。

ソチ五輪ＳＰは、国際スケート連盟（ＩＳＵ）公認大会では初となる１００点台に乗せる１０１・45点でトップに立った。2分50秒の中で7つの要素をこなすＳＰは、ひとつのミスが大きな得点差となって表われ、命取りになることもある。

「ショートに余裕を持つことで、フリーの完成度を高めることに集中できるメリットは大きい」

そうした精神状態で臨んでいたシーズンだったからこそ、プレッシャーを強いられる五輪の大舞台でも、自分を信じて力を出し切る演技ができた。

バラード第1番ト短調

『パリの散歩道』の次に挑んだのは、シンプルなピアノ曲だった。14年6月のアイスショー「ドリーム・オン・アイス」で、新しいＳＰを披露した。

「僕自身、たぶんソチ五輪シーズンが終わったあとは燃え尽きていたと思います。でも、（14年3月の）世界選手権の数日後からアイスショーもありましたし、（イベントなどの）仕事も立て込んでいたから、燃え尽きていることに全然気づかなかった。アイスショーでは、たくさんの観客の皆さんが五輪チャンピオンとして迎えてくれて、頑張ろうという意欲が湧いてきました。そこで初めて、自分がいかに抜け殻だったかということに気づきました」

ショーで一緒になったエフゲニー・プルシェンコ（ロシア）ら、トップスケーターと一緒に過ごしたことも、「元の自分」に戻れた要因のひとつだ。「スケートに集中して本気で打ち込めている」と、新たにＳＰに選んだのがショパンの『バラード第1番ト短調』だ。

「ピアノの曲はジュニアの時にフリーで2年間使いましたけど、そのときの感覚がすごく好きだったから、試合でもう一回使いたいと思っていたんです。クラシックは、物語性が明確ではないから、伝えるという面ですごく難しい。だからこそ、自分の表現の幅を広げたいという意味もあって選びました」

振り付けをしたのは、『パリの散歩道』と同じバトル氏。「ピアノの曲を」とだけ伝えて依頼したところ、第1候補と提案されて出来上がったのがこのプログラムだった。

『パリの散歩道』とは異なる、静かな滑り出し。冒頭のジャンプをトリプルアクセルにし、得点が高くなる後半に4回転トーループを組み込み、最後に3回転ルッツと3回転トーループのコンビネーションジャンプを跳ぶ難しい構成にした。

「僕自身は進化したいというのがあります。前年までのＳＰ（『パリの散歩道』）は完成させたと思っていますから、さらに進化し続けるために、何か新しいことをやりたいと思いました。4回転サルコウを入れることも頭にあったけど、今の僕では、そこまでのリスクはまだ負えない。確率が高くなってきた4回転トーループを後半に入れようと思ったんです」

このアイスショー直前に練習を始めたばかりで、プログラムを通しての練習もしていなかった。初披露に「不安もあって緊張した」が、力強い滑りで4回転トーループもきれいに降りた。

「自信はついたけど、あくまでショーのショートとしての自信でしかないですね。（ショーは競技より）リンクが小さいので、しっかりステップを踏めていないところもたくさんあった。まだ大きなリンクで滑っているわけではないですし、試合は試合ですから。課題もたくさんあるから、完成させられるようにこれから頑張っていきたいです。お客さんに観てもらうということはすごく大切なことなので、ショーも練習の場のひとつだと思っています」

　7月上旬の「ファンタジー・オン・アイス」でも、五輪サイズより狭いリンクでＳＰを披露。トリプルアクセルと4回転トーループ、3回転ルッツ＋3回転トーループをきれいに決め、さらなる進化への強い決意が伝わってきた。

　前シーズン、五輪と世界選手権、ＧＰファイナルの3冠獲得を果たしながらも、ＳＰとフリーの両方で完璧な演技をそろえた試合がなかったため、そのことへの悔しさがあった。それも進化への強いモチベーションにつながった。

「いろんな意味でスタートの年になると思います。五輪が終わって、冒険ができる年という捉え方もあるけど、僕自身はやはり五輪チャンピオンになった今だからこそ、これからの成績や実力というのが、ものすごく試されるようになると思っています。五輪チャンピオンらしい結果と演技を、このシーズンでしっかり印象づけていかなければいけない」

　また技術面では、ＳＰの最初はゆったりしたテンポのため「いかに動きにメリハリをつけるかが課題で、指先の一本一本まで意識して丁寧に動かしていかなくてはいけない」と分析。さらに「後半に入れた4回転トーループを確実に跳ぶためには、自分の体の状況を把握するなど、一つひとつ神経を研ぎ澄まさなくてはいけない」と、修正すべきポイントを冷静に見極めていた。練習では、難易度の高い4回転ループや4回転ルッツにも取り組んでいた。

「ループは練習では成功していますけど、プログラムに入れるかどうかといえば、たぶんまだ入れないでしょう。ただ、今までの自分の道のりを振り返れば、限界と思うものまでプログラムに詰め込んでやってきた。今、プログラムに入れる最も高難度なジャンプは4回転サルコウになると思います。成功率を上げるために、自分の実力や限界点を高めていくことが必要です。だからこそ練習でループやルッツにもチャレンジしているんです」

挑戦者としての姿勢を持ち続ける。アイスショーも、プログラムを完成させるための貴重な一歩だ。

14年ソチ五輪後、「五輪王者だからこそ進化した姿を見せなければいけない」と考え、フリーのみならず、ＳＰでも基礎点が上がる演技後半に4回転ジャンプを入れようとした。だが、ＧＰシリーズ中国杯の練習でのアクシデントや、全日本選手権後の手術などで実現できなかった。それでも、全日本選手権後の療養期間中、『バラード第1番ト短調』のことをじっくりと考えられたこともあり、15年3月の世界選手権ではシーズンベストの95・20点を記録。さらにその3週後の世界国別対抗戦でも96・27点と納得できる滑りができた。そして、翌シーズンも『バラード第1番ト短調』の継続を決めた。バトル氏のイメージを形にしただけで、まだ自分らしさを出すプログラムにはできていないと感じたからだ。

実際、バトル氏はこう話していた。

「ショパンはどちらかといえば情熱が表に出る曲は少ないが、『バラード第1番』に関しては情熱的な部分があると思ったし、結弦のスケートを引き出すためにはいいと考えた。クラシック曲の難しいところは、その曲のニュアンスなどがあまり表立っていないところです。ジャンプも曲に合わせてタイミングを取らなければいけないですが、彼は非常にいい耳を持っていて理解もしているので、クラシックを使うのはよかったです。

それに、『パリの散歩道』とは違った一面を出したかった。『パリの散歩道』は彼に自信を持たせるようなプログラムになっていて、自分でコントロールできていたし、そういう自信はジャンプを成功させる助けになる。対してショパンが難しいのは、曲が持っている儚さを表現しつつ、同時にテクニカルな部分をきっちりやらなければいけないこと。だからこそ、何でもかんでも詰め込まなくても、彼が表現できることを見せたかったんです」

静かで繊細なピアノの音色で始まり、終盤に盛り上がりを見せる『バラード第1番ト短調』。手術後に氷上練習ができなかったとき、「純粋な音を表現しなくてはいけないし、タイミングが取りにくい曲だから、振り付けをしてもらったときの映像を見直して、独特な間の取り方や強弱のつけ方などを一からやり直した。考える時間を持てたことで世界選手権や世界国別対抗戦は、シーズン前半戦とはスピードや表現の付け方も違う演技ができた」。特に終盤のステップシークエンスは、「ＧＰファイナルの時は気持ちいいというだけで滑っていたが、世界選手権ではしっかりと踏めていた」と、手応えがあった。だからこそ2シーズン目となる15－16年シーズンは、〝羽生結弦のバラード第1番〟として昇華させようとした。

そうしたなかで取り組んだのが、前シーズンはケガなどで断念した、基礎点が1・1倍となる後半に4回転トーループと3回転ルッツ＋3回転トーループを入れるジャンプ構成だった。シーズン初めは、「後半の4回転は難しい」との先入観にとらわれて苦しんだが、「もし後半の4回転ができても、それは前シーズンにやっておかなければいけなかったこと。それでは進化を目指すとは言えない」と考え、4回転を2本にする攻めの姿勢を持ち続けた。

ＧＰシリーズ2戦目のＮＨＫ杯は、4回転サルコウと4回転トーループ＋3回転トーループを前半で続ける構成でノーミス。歴代世界最高の１０６・33点を獲得して殻を打ち破った。その納得の滑りは、まさにチャレンジ精神が成し遂げたもの。

そして、中1週間で臨んだ15年12月9日からスペイン・バルセロナで開かれたＧＰファイナルでの再度の世界最高得点の更新は、また違う意味を持った。1カ月間みっちり練習に打ち込めたＮＨＫ杯前とは違い、疲労が残るなかでの戦い。公式練習では4回転トーループが決まり切らない状態で、6分間練習でもその不安を引きずっていた。

「意外と緊張していました。でも自分に緊張感があるということを認識していて、『そういう状態ではどうしたらいいんだろう』と考えながら滑れたと思います。ただ、ショートの演技に入る前は、会場のモニターを見て、『(演技に入るまでの)時間があと1秒しかない』と焦りましたけど……」

ＳＰ冒頭、練習でも成功率が高かった4回転サルコウをパーフェクトに決め、次の4回転トーループ＋3回転トーループの連続ジャンプはきれいなジャンプ。この2種類のジャンプはともに、9人中8人のジャッジがＧＯＥ(出来ばえ点)加点で満点の3点をつけた。その演技は力強さと迫力に満ち溢れていた。スピードに乗って回転したスピンはすべて最高のレベル4。後半に入ってすぐのトリプルアクセルも難なく決めた。ステップは「レベル3だったのでそこが反省点」と振り返ったが、力強く踏み続けた。

14年ソチ五輪ＳＰの『パリの散歩道』のような、自信に満ち溢れた演技だった。演技構成点は、トランジション(要素のつなぎ)で9・61点。動作や身のこなしのパフォーマンスは8人のジャッジが満点の10点をつけて、振り付けと曲の解釈は9点台後半で、ジャッジ6人が満点をつけていた。

「『バラード第1番』は1年間しっかり練習してきましたし、ＮＨＫ杯でノーミスで滑ってやっと自信もついたところです。やっぱり曲を聞き込んできているというのはすごく大事ですし、これまで積み上げてきたものは絶対に無駄ではなかった。加えて、ジャンプも不安がないとは言わないですが、一つひとつがしっかり決まっていたから、より自分がピアノの曲に乗っていけた。ジャンプはもちろん、スピンやステップも曲の一部として決まっているからこそ、評価をもらえているのではないかと思います」

ＮＨＫ杯のフリーで、自分の心の中に芽生えてきた「緊張感との付き合い方のコツ」をつかんだ。一度完璧な演技ができれば、どうしてもそれを再現しようという意識になり、心のどこかに「守りの気持ち」が生まれてしまう。だが、攻め続けることで、守りの意識を吹き飛ばした。

ＮＨＫ杯後、バルセロナに出発するまでは中８日で、「調整をしっかりしなければ」と意識したが、ＧＰファイナルのＳＰ前日の公式練習では、疲労が蓄積していた。

「ファイナルまでが短い期間だったからなのか、ＮＨＫ杯が終わった直後は『これからはこの得点を意識するだろうな』と思っていましたが、今は最高得点も特に意識していないし、演技に対する期待感もあまり感じていないです。非常に集中した、いいコンディションだと思います」

歴史に残る得点を記録したことで、周囲からさらなる高得点を期待されることは十分に承知していた。

「ここ（ＧＰファイナル）ではＮＨＫ杯の時のようなテンションでいかなくてもいいのかなと思っています。この会場で行なわれるこの大会、この試合でできるコンディション作りや集中の仕方をうまく引き出せればいいかな、と」

ＮＨＫ杯の高得点を心の片隅にしまい込み、もう一度冷静になろうと努めた。そうした精神状態が、完成度の高い演技につながり、演技構成点５項目の得点も合計で満点に０・86点足りないだけの49・14点と高かった。ＮＨＫ杯とＧＰファイナルでともにノーミスの演技。４回転２本、後半にトリプルアクセルを入れる難度の高い構成のプログラムを、ついに自分のものにした。

ＳＥＩＭＥＩ

15－16年シーズンに挑戦したフリーの『ＳＥＩＭＥＩ』も新たな試みであり、決意のプログラムだった。「今の日本男子で、〝和〟のプログラムをできるのは自分しかいない」との自負があった。

「純和風を表現するという点では、その曲や自分の見せ方が、まだまだ未知の領域。自分の伸びしろというより、このプログラムの伸びしろがありすぎるんです。それくらい僕は『ＳＥＩＭＥＩ』に誇りを持っているし、滑らせてもらうことがすごくうれしい。僕は自分のプログラムを作品だとは言わないですが、シェイ＝リーン・ボーンさんが振り付けしてくれたこの曲に関しては、ジャンプ抜きだとしたら本当に作品に近いものだと思いました。その中にジャンプを組み込んで演技にするのは僕自身だから、男子シングルのプログラムとして完成させるためには、もっとうまくならないといけない。こんなにすばらしいプログラムをせっかくいただいたから、もっとプログラムについていかなければいけないし、最終的には僕がリードしていけるくらいまで追い込んでいかなければいけないと思います」

また、15年11月のＮＨＫ杯でのフリー『ＳＥＩＭＥＩ』の得点は２１６・07点。ＳＰとの合計でも史上初の３００点超えを果たし、一気に３２２・40点まで伸ばした。

「一番よかったのは、精神状態をコントロールしてフリーの演技ができたことだと思います。（14年の）ソチ五輪のフリーのあとも同じようなことを言ったと思いますが、あの時は演技が終わった瞬間、『これで金メダルがなくなった』と思い、自分が金メダルを意識して緊張していたんだと気がついたんです。

その経験が今回すごく生きて、会場に来る前から『自分はフリーで200点超えをしたいと思っている』とか、『(合計は)300点超えをしたいと思っている』というふうに、自分で自分にプレッシャーをかけてしまうようなことを考えているということを、ちゃんと認識できていたんです。『緊張しているな、それならこうしよう』というのが、ある程度わかっていたので、気持ちをコントロールできたんです」

しかし、次を同じ構成で演技をしても、同じ得点が出るとは限らないのがフィギュアスケートという競技。「これからはこの得点のプレッシャーが、自分自身にのしかかってくる。それをコントロールできるくらいの精神力をつけなければいけない」と、新たな重圧との戦いが待っていることも自覚していた。

「正直、フリーではなかなかノーミスの演技ができていなかったのでうれしかった。でも、これが限界ではないと思うし、後半の4回転トループも、もっときれいに跳べると思う。もっともっと複雑な跳び方もできると思う」

15–16年シーズンの3戦目で『SEIMEI』をノーミスで演じた。それはプログラムに対する思いの強さが現われたものだった。シーズン2戦目のスケートカナダで思うような演技ができず、のちに「スケートカナダから(3戦目の)NHK杯までの練習は、自分史上初めてと言っていいくらい追い込むことができた」と話したほど。

だが、そこはまだ到達点ではなかった。次のＧＰファイナルのフリーでは、最初の4回転サルコウと4回転トーループでＧＯＥ満点の3点を得るジャンプで滑り出し、さらに高い完成度を見せた。ステップシークエンスこそレベル3となったが、ジャンプは8本中5本でジャッジのＧＯＥ加点3点。技術点はＮＨＫ杯を2・05点上回る１２０・92点。演技構成点もスケーティングスキルとトランジション以外の3項目は、9人のジャッジ中6、7人が満点の10点をつけて98・56点。2戦連続の総合３００点超えを達成した。「これが羽生結弦のＳＥＩＭＥＩだ」と世界中に伝えるプログラムに仕上げた。

「以前は点数にこだわっている時期がなくはなかった。それ（３００点超え）を狙える構成があると知って、もっと点数をもらえる構成にしなければいけないと考えていました。ただ、今この『ＳＥＩＭＥＩ』を作ってもらい、ショートはショパンの『バラード第1番』を延長してやってみての感想としては、やっぱり難易度だけがすべてというわけじゃないと思うんです。そういう演技を常に目指していけたらいいな、とも思いました。フィギュアスケートの芸術という面においてはジャンプが決まってこそだと思います。ジャンプがやっとプログラムの中で決まるようになってきて、芸術性というものに関しても、自分が自分らしく表現できるようになってきたかなと。まだまだ先はありますけど……」

フリーの2日前のＳＰ後には、こう話していた。

「ＮＨＫ杯のショートはＮＨＫ杯のものでしかないし、今回のショートも今回のものでしかないんです。そこは自分の中でも、観ている方も『ああ、成長したな』とか『あっちのほうがよかったな』『今回のほうがよかったな』といろいろ比較すると思います。でもそれ以前にまず、自分自身が『今日はこういうふうにできた』『今日はこういう思いでできた』というものを一つひとつ感じながら、思い出として残しながら滑っていけたらすごく幸せじゃないかなと思います」

　演技自体はそのときどきの体調や気持ちで変化する。自分にとっても観客にとっても、その演技は「一期一会」という思いに至った。

　だが、ＳＰとフリー両方のプログラムへの信頼感を持って臨んだこのシーズンの世界選手権では、２位と悔しさが残った。

「優勝できなかったことに悔しさも悲しさも感じます。ＮＨＫ杯とＧＰファイナルは、ふたつとも自分のプログラムとして達成できた部分があったと思います。自信になりましたし、そのうえで『これを目標にしていきたい』『こういう道をたどりたい』というのが具体的に見えてきました。もっと幅広い視点から『これはすごい』と思わせるプログラムを目指したいです。技術の進歩で体への負担も大きくなっているのは事実だと思う。でも自分の感覚としては、そういうリスクのあるなかで難易度をどんどん高くしていったことに誇りを持っていますし、現在、世界記録を持っているスケーターとして、新しい扉を開けるような存在になりたいです」

思うままに。流れるままに

平昌五輪でふたつのプログラムの表現への意識を洗練させることができたのは、前シーズンに演じたフリーの『ホープ&レガシー』で、〝羽生結弦らしい〟表現をやり切れたことが大きく影響していた。『ホープ&レガシー』は「曲を感じるままに表現できたらいい」と話していたプログラム。16年夏には、こう話していた。

「去年（15－16年シーズン）の『SEIMEI』を含め、『バラード第1番』やエキシビションの『天と地のレクイエム』は、それ以前にやっていたものとはまったく違うジャンルで、違った風景があるものでした。そのすべてがいろいろと考えるきっかけになった。特にどのようにメリハリをつけながら表現すれば伝わるかということを非常に意識しました。そのうえで、今季のフリーの『ホープ&レガシー』は曲からではなく、テーマから入ろうと思って考えました。そのなかで、15年のショートとフリー、エキシビションの『天と地のレクイエム』を全部合わせたら、もっと気持ちよくできるだろうなと思って。そうして行き着いたプログラムです」

17年3月のフィンランド・ヘルシンキで開催された世界選手権のフリーで『ホープ&レガシー』をノーミスで演じられたこともきっかけのひとつとなった。大事な大会で「バシッと決められたのが、すべてだった」。

「『ホープ&レガシー』は感情を作りきらないのが僕のテーマ。〝思うままに。流れるままに〟というコンセプトで、世界選手権は『これがしたかったんだ！』という試合ができた。これまでは曲のストーリーを考えたり、キャラクターを意識したりといろいろやってきましたが、『バラード第1番』と『ＳＥＩＭＥＩ』をやったシーズンで経験したことを、やっと手のひらに収め始めた感じがありました。それをもっと広げられると思って臨んだのが16－17年シーズンだったんです。4回転ループを入れたり、後半の4回転2本などに着手したからこその難しさはありました。それでも、最終的には表現面では大きなものをつかめたと思います。シーズンを通して強く感じたのは、フリーはそれぞれの試合ごとにまったく違う空気感だったということ。だからこそショートでも、以前とは違う『バラード第1番』ができるのではないかと思ったんです」

この16－17年シーズンは、4回転ループ、そして難度を高めた後半の演技に苦戦したが、シーズン最後の大舞台である世界選手権は思いのままに表現するノーミスの演技にたどり着いた。ＳＰ5位発進からの逆転優勝だった。

「ショートのあとは、追い込まれたというより、〝自信喪失〟といったほうが近いですね。ミスの原因がすぐに見つかって『ここがダメだったから、次はこうしよう』というのがわかっていれば、たぶんそこまで落ち込まなかったのかもしれないですけど、やはり5位の結果も含めて、自分がいい感覚のなかにもかかわらずどうしてミスをしてしまったのか、（演技の）最後までわからなかったです……」

ＳＰ1位のハビエル・フェルナンデス（スペイン）とは10・66点の差。逆転を狙ったフリーでは、

『ホープ＆レガシー』の静かな曲調の中に自身の感情をすべて出し尽くす演技を披露した。

「今回は自分で切り替えたというより、すごく〝他力〟をもらった感じです。ショートはジャンプの感覚がよかったからこその落ち込みでしたけど、その後のファンの方々やサポートしてくれる人たちの言葉をたくさん聞いたり、読んだりして。さらに今までやってきたことを振り返って、最後は『信じてやってみるしかない』と思って、何とか立て直せたのではないかと思います」

　無心で戦い、プログラムを作ったときに考えた「自分の情感や思いだけでなく、風や木や水などの風景も曲の中に埋め込み、観ている人にどう感じてもらえるか問いかけたい」という原点に戻れた。さまざまな思いが詰まったフリーは、しなやかな動きの流れるような演技。それまでミスを繰り返していた後半もスピードを上げて、4回転サルコウ＋3回転トーループ、4回転トーループをともに余裕を持って決めるなど、ノーミスで演技を終えた。

　人さし指を1本だけ伸ばした右手を、真っ直ぐに天へ向かって上げた。

「今日は、自分の演技内容を忘れるくらいに集中していました。スピードはもっと出せたかもしれませんが、ジャンプのため、演技のため、そしてこのプログラムのすべてを完成させるためには、一番いいパターンだったのではないかと思います。特にトーループは、サルコウと同時に後半で決まることがこれまでなかったですからね。とにかく今回は、ジャンプを一本一本決めるごとに、何か自分が自然の中に溶け込んでいくような感覚になって、すごく集中した状態だった」

　得点は当時のフリーの史上最高となる223・20点を獲得した。合計得点は自身の自己最高得点には9点弱及ばなかったものの、321・59点。

「得点が出るのを待つ時は緊張していたし、怖さもありました。振り返ってみれば、自分が一番とらわれていたのは、過去の自分。15年のGPファイナルの110・95点（SP）、219・48点（フリー）、330・43点（合計）という数字だった。それは本当に大きな壁のようなもので、ノーミスをしなければ超えられないというだけではなく、たとえ構成を上げたとしても、完璧に演じなければ超えられないほど高い壁でしたから。

　このプログラム（『ホープ&レガシー』）は『SEIMEI』に比べれば、圧倒的に評価されにくいですし、自分自身もこれまでは、ジャンプを決められないだけではなく、表現し切れていない部分を残してしまう演技を繰り返してきました。今回はクリーンに滑ることができましたが、ジャッジからどう評価されるかわからない、という怖さもあったんです」

　結果が出たこともあるが、フリーの演技には満足していた。

「世界最高得点を出した2年前のGPファイナルからずっと、後半のサルコウに泣かされていたし、自分の記録にも長い間とらわれてきたので、やっと一歩踏み出せたという感触です。コーチの反対を押し切って、言ってみれば僕が（コーチを）説得するような形でフリーにループを含む、4回転を4本入れるプログラムにしました。ですから、そのプログラムで、実際にシーズンの最後になってノーミスができたのはよかった。でも、たとえできなかったとしても、前季の構成だったら、いつでもノーミスができる自信はついていたし、そのくらいの練習もしてきた。結果として、自分に限界を作らずに練習してこられたことが、一番の収穫だったと思います」

「自然の中に溶け込んでいくような感覚になった」と話したように、曲に溶け込んだ、自然体の演技。ゆったりと流れる時間や、空気や風、木、水が悠久の時を織りなすような空間で気持ちよく遊泳し、心地よさに浸りきる。戦うための曲でありながらも、心中の〝平安〟を表現するこれまでとは違う一面を見せたプログラムだった。

「この結果を受けて、『またノーミスをしたい』と強く思ってしまうでしょうけど、僕はもともとノーミスを連発するような選手ではない。だから、たぶん、来季もまた、ノーミスができない自分にすごく苛立ちを覚えたり、悔しさを感じたりするでしょうね。それでまた、必死に練習をしていくのだと思います」

そう言って笑った。自分自身の壁をまたひとつ乗り越えられた劇的な逆転優勝は、タイトル獲得以上に、大きな意味を持つものだった。

羽生結弦を世界中に伝える

「新たなステージに引き上げてくれた」というＳＰ『バラード第1番』とフリー『ＳＥＩＭＥＩ』。幼い頃から目標にした勝負の場である18年平昌《ピョンチャン》五輪に、その自信のあるプログラムで挑んだ。五輪連覇がかかるなか、常々口にしていたのは「難度の高いジャンプを跳ぶだけではなく、スピンやステップなどの表現も含めて完成された、芸術性も併せ持ったプログラムを目指したい」ということ。平昌五輪は、その理想形を実現する最大の場と考えていた。このプログラム選択は、五輪シーズンにかける強い覚悟だった。

　17年8月にはこう話した。

「本当に自分のやりたいようにやるというのが、一番じゃないですかね。何よりも『バラード第1番』に関しても『SEIMEI』に関しても、自分が音を感じられるプログラムです。『ホープ&レガシー』もそうでしたが、今回、音だけではなく世界観も感じ取るようなプログラムにしたい。その点で一番演じやすいというのが最大のポイントです。『SEIMEI』は15-16年シーズンにいい演技ができたときから、五輪シーズンに使いたいと決めていました。

　2シーズン前の演技にとらわれる部分もあるかもしれない。それでも同じ曲で同じような振り付けもある流れの中でも、まったく難易度が違うものをやっているので。同じプログラムだけど違うことを、一歩先のことをやっているので、とらわれるということを考えなくてもいいのかなと考えています」

　実は、『バラード第1番』に関しては、使用することを最後まで迷い、16-17年シーズンの『レッツ・ゴー・クレイジー』を持ち越す可能性もあった。さらに『バラード第1番』の使用について「『(使用するのが)3シーズン目ってどうよ?』という気持ちもなくはなかった」。

　それでも『バラード第1番』に決めた理由は「昨シーズン最後の国別対抗戦の、エキシビションのアンコールで『レッツ・ゴー・クレイジー』のステップの部分をした時、結構消化できたんです。自分の中で『これが見せたかったものだな』と思って、それで(次のシーズンは)『もうこれじゃないんだな』と思えて。それでやっと前に進める感じになれた」からだ。

ひとつの目標を達成したことで、新たな世界が目の前に広がっていた。

さらに、振り付けをしたジェフリー・バトル氏のイメージと「つながる形にできるまでに技術が追いついてきた」と実感もしていた。また、技術構成は詳細に計算をして、後半の連続ジャンプを4回転トーループの連続ジャンプにすることを決めた。

「昨シーズンのトーループの確率を考えてみると、サルコウがなかなか入らなかった一方で『トーループは絶対に決めてやる』という意識があったので、いつの間にかトーループへの自信がすごくついていたんです。それもあって国別対抗はトーループからの3連続ジャンプもやりました。自信を持ってできるから、ベストだという結論になりました」

目指しているのは、すべての要素でＧＯＥ加点を、最高点の3点をもらう演技。それに最も近い形を考え、五輪シーズンにこのプログラムを選んだ。

「いろんなものに手を出すという考え方もあると思いますけど、僕の場合は『これ！』と決めたらその道を突き進むほうがいろいろと考えられる。たとえば、歌手がライブで歌うと、同じ歌でもそのときどきでまったく違うものになるのと同じように、僕も一回一回違う演技ができるのが強みだと思うんです。このプログラムで勝ちたいという気持ちはすごくあります。4回転を何本も入れる選手が出てきているなかで、自分自身もすごく高められているし、リミッターは解除されていると思う。

人間はやればできる。絶対に勝ちたいと思ってやってきたことが、今の自分の糧になっている。勝ちにこだわるのは、演技にこだわるのとイコールだと思うので、まずは自分ができる最低限のことは必ずやらなければいけないですし、同時に、最大限のところを超えたいという気持ちは強いですね。プログラムをしっかり深めて観ている人を絶対にうならせたいな、と思っています」

5月のアイスショーの『バラード第1番ト短調』はそれまでと違う力強さがあった。

「ステップの前に4回転＋3回転が入っているからでしょうね。その前のトリプルアクセルもフワッという感じで、より音に溶け込むジャンプに仕上がっていますし、トーループも音に合わせたジャンプになっていると思います。その意味では表現の幅が広がった感じはすごくある」

トロントの公開練習で披露した『バラード第1番ト短調』のステップには、『レッツ・ゴー・クレイジー』でやろうとしていた直線的な鋭さがあり、『ＳＥＩＭＥＩ』の出だしには『ホープ＆レガシー』で見せていたような静謐《せいひつ》さがあった。

「『ＳＥＩＭＥＩ』はすごくキャラクターが強いんです。何かこう、大黒柱みたいなものが中心にあって揺るがないんですよ。だけど、『ホープ＆レガシー』は柱がないプログラムで、沖縄の古民家みたいにすべてを受け入れるようなイメージでした。そういうものを融合させたいと思っていますし、今まで感じたものをすべて出したいという思いがあります。

音を取ることだけがすべてではない。それが『ホープ＆レガシー』の久石譲さんのピアノを聞いて感じたことのひとつでした。たとえば、『レッツ・ゴー・クレイジー』でも、すべてを拾いすぎていたらメリハリがなくなってしまう。強い曲だからこそメリハリを大事にしたいという意識は、今シーズンの『ＳＥＩＭＥＩ』にも『バラード第1番』にもうまく生きているんじゃないかと思います」

『ＳＥＩＭＥＩ』で表現する〝和〟にこだわるのには、こんな理由があった。
「もともと、日本人としてのプライドとか誇りのようなものはすごくあるんだと思います。初めて日本代表のジャージを着たときには『自分は日本代表なんだ、国旗を背負って戦いに行くんだ』という気持ちになりました。そうした思いを持っているからこそ、五輪という舞台で和のイメージのプログラムをやりたいと思いました。新境地として『ＳＥＩＭＥＩ』を演じて、みんなが受け入れてくれて、評価もしてくれたので、もっと極めていきたい思いもあります。それに前シーズンと同じようにショートとフリーで両極端のものを見せられると思っています。〝ザ・クラシック〟と言える『バラード第1番』は演奏家のように演技をして、〝和〟の『ＳＥＩＭＥＩ』は『羽生結弦はこれだよな』と感じてもらえるものを演じきれれば、もっといいものになるんじゃないかなと思います」

　自身が目指すフィギュアスケートの演技を、平昌五輪で披露して勝つ。その揺るぎない信念があるからこその選択だった。

　17－18年シーズン、ＳＰで『バラード第1番ト短調』を演じるのは3シーズン目。とはいえ、4回転ループを冒頭に入れ、基礎点が高くなる後半にはトリプルアクセルと4回転トーループ＋3回転トーループを持ってくる難度を高めた構成だった。フリーの『ＳＥＩＭＥＩ』も最初に4回転ループと4回転サルコウを跳んで3回転フリップを入れたあと、ステップとスピン、そして後半にサルコウとトーループの4回転3本を連続ジャンプも含めて入れ、トリプルアクセルも連続ジャンプにするという、これまでよりいっそう難しい構成を予定していた。そのお披露目となった17年9月のオータムクラシックのＳＰは、右膝痛で4回転ループを封印し、4回転サルコウにして、自身の歴代世界最高得点を記録。流れるような静けさの中でも、メリハリをつけると同時に、ジャンプを完璧に決め、スピンとステップはすべて最高のレベル4だった。一度スピンでスピードを上げて盛り上がる部分を作ってから、再度、静寂に戻って始まる後半最初のトリプルアクセルが美しく決まった。『バラード第1番ト短調』という曲に乗せて伝えたい思いを、さらに研ぎ澄ましたような圧巻の演技だったが悔しさもあった。

「チームの人たちがどう思ったかわからないですが、お客さんの中には、『4回転ループではなくてサルコウでいいんじゃないか』と思った方もいたかもしれない。サルコウでこの点数を安定して出せるようになったら、フリーにもっと力を入れられるんじゃないか、と。そういう気持ちが僕の心の中で芽生えてしまったところがあったので、そこが悔しいんです」

　翌日のフリー『ＳＥＩＭＥＩ』は、前半にルッツとループ、フリップの3回転を並べる構成。結果的に最初のルッツが1回転になり、4回転を並べた後半もミスが続いた。そのルッツを4回転にして次のロステレコム杯では成功させたものの、11月のＮＨＫ杯では故障につながり、結果として平昌五輪にぶっつけ本番で臨まなければならなくなった。だが、五輪連覇という競技人生最大の目標に挑んだ大会で、すばらしい『バラード第1番ト短調』を演じ、偉業を達成したのだった。

冷静に〝今できること〟を見極めて、五輪2連覇を果たすことができたのは、『バラード第１番ト短調』と『ＳＥＩＭＥＩ』というプログラムがあったからこそだった。ＳＰは無心の舞。いつもよりスピードは抑え気味だったが、体が覚えている、一番きれいに跳べるスピード。これまで何度も聞き込んできた音を素直に感じ、長年付き合ってきた自分のジャンプを信じた。会場にいるすべての者が緊張感に包まれてその一挙手一投足を見守るなか、自然体で演じ切った。

ジャッジは１１１・68点の得点を付けた。大舞台での自身の心の中を映し出すような完璧な滑りは、このプログラムへの深い信頼感と、大きな自信が成し遂げたものだ。

そしてフリーの『ＳＥＩＭＥＩ』は、後半に4回転2本とともに連続ジャンプ3本すべてを入れる構成に挑み、結果的に後半の4回転トーループと最後の3回転ルッツがミスとなり、得点は4種類6本の4回転を入れてきたネイサン・チェン（アメリカ）を下回ったが、合計は３１７点台に乗せて、磨きあげたプログラムで五輪連覇を果たしたのだった。

6章

未来をつくる人

新たなモチベーション

「フィギュアスケートに対して、スポーツというものに対して、勇気をもって恐れずに、いろんなものにチャレンジしてきた」

平昌《ピョンチャン》で五輪連覇を果たしたあと、そう心の内を明かし、4回転アクセルへの挑戦も口にした。

「4回転アクセルはやりたいと思います。たぶん、小さい頃の自分だったら『前人未到だからだ』と言うと思います。でも今の僕の気持ちとしてはそういうのではなく、やっぱり自分を最後の最後まで支えてくれたのはトリプルアクセルでしたし……。アクセルジャンプにかけてきた長い時間。練習の質も量も、すべてがどのジャンプより多い。それに何よりも、僕の恩師である都築章一郎先生が、アクセルは王様のジャンプだと言っていたので。そのアクセルジャンプを自分は得意として、そして大好きでいられることに感謝しながら、4回転アクセルを目指したいと思っています」

五輪連覇を果たし、とるべきものはとった。次へのモチベーションとなるのは4回転アクセルだ。

「小さかった頃の自分が思い描いていた夢を、夢ではなく目標として叶えてあげる。それだけだなと思っています」

小さい頃に憧れたジョニー・ウィアーとエフゲニー・プルシェンコへのリスペクトの気持ちを

こめて『オトナル（秋によせて）』と『Origin』を演じた2018－2019年シーズンは、シーズンイン前までは4回転アクセルの練習はしていたが、初戦のオータムクラシックを終えて「こんなことをしている場合じゃない」と切り替え、プログラムの完成を優先した。ただ、GP《グランプリ》シリーズ2戦目のロステレコム杯で右足首のケガをして、新たな挑戦はさらに先延ばしになった。だからこそ、4回転アクセルへの思いは募った。19－20年シーズン初戦のオータムクラシックでは、不本意な結果で終わったあとにこう話した。

「4回転アクセルは今、とりあえず回ってコケています。あとは降りるのみかなと思っているけど、まだ回るだけで精一杯のところはちょっとある。思ったより壁が厚くて苦戦しているんですけど、でも今は4回転アクセルを跳ぶためにスケートをやっていると思っているし、そのために生きているなと思います。ただケガのリスクも多いので、自分の体のこととかいろいろ考えながらやらなければいけない。そのなかでやっぱり、自分だからこそできるジャンプ、自分の演技の中だからこそ見えるジャンプというものを追求しながら、高難度を目指してやっていきたいと思います」

このとき、4回転フリップについても口にした。そして4回転アクセルも含めてすべての4回転に挑戦する気持ちもあるかと問われ、笑いながらこう答えた。

「まだそこまで考えていないけど、フリップに関しては跳びたいなと思うのはあります。ただ自分のフリップに関して言えば、自信をもって『これが正しいフリップです』と言えるようなフリップではないので、そこはちょっとわからないです。ただ、最終的には4回転アクセルまで跳べて、自分でも余裕があって公式記録として全種類跳べたというのがほしいなと思ったら、フリップを入れます」

4回転アクセルに関しては、「練習で一回跳べただけというのではなく、試合で成功させることができるレベルに達し、それから完成度を上げていってきちんとGOE（出来ばえ点）加点をとれるレベルまで持っていかないと、試合に入れることはできない」と考えている。

「僕はフィギュアスケートをやるうえで、競技性か芸術性のどちらかに寄りたいとは思っていないし、フィギュアスケートというスポーツはそういうものではないと思っています。ただ、芸術点がどうのこうのとか、技術点はどうのこうのという風潮をいちスケーターとして感じてはいます。でも、圧倒的な技術があって、そのうえでプログラムを完成させられると思っています。難しいことをやりつつ、プログラムとして、『やっぱりこのプログラムにはこういうジャンプが必要だよね』『こういう難しさがあって、もっとワクワクしなきゃダメだよね』『ドキドキしなきゃダメだよね』というものを感じたうえで、プログラムを完成させていきたいと思っているんです」

高難度のジャンプを入れて、それをきれいに跳んで見せるからこそ出てくる緊張感や迫力。追求していきたいフィギュアスケートとは、美しさがありながらも緊張感に満ち溢れ、スリルまで融合したような演技。観終わった瞬間に安堵と感動が一気に押し寄せてくるような、究極の滑りだ。

ジャンプに込める心

19－20年シーズンはジャンプについて深く考える機会となった。

高難度のジャンプへの評価がより高くなっている傾向を感じていたこともあり、自分自身も、それに適応しなければいけないと考えて練習をしてきた。4回転アクセルへの挑戦も、4回転ルッツへの挑戦もその一環だ。スケートカナダで表現にこだわったジャンプが評価され自信を得た。『ジャンプでも表現できるよ』ということを、今回は見せられたと思うんです。ジャンプでも表現できるのは自分の武器だと思う」

その得点は、新ルールでは前季の世界選手権でネイサン・チェン（アメリカ）が出した世界歴代最高得点には及ばなかったが、自信を持てるものだった。

「世界選手権の時とは採点ルールも違っていて単純な比較はできないんですけど、今回の構成でも、久しぶりにフリーで210点を超えたのはやっぱりうれしいです。まだショートで110点は超えてないですけど、たぶん今のルールだとフリーの220点は難しいと思うので、とりあえずはショートの110点とフリーの215点を目指してやっていきたい、という気持ちです」

そして、この大会のエキシビションでは『パリの散歩道』を滑った。

「特に強い意味はないですけど、ちょっと懐かしいものをやっていきたいな、というのが少しずつよみがえってきているので。今、この4回転トーループ1本の構成のショートをやったらどのくらいできるのかな、という挑戦でもあって、楽しみにしながらそれに備えています」

その演技の4回転トーループとトリプルアクセルは、スピード感もキレも満点の完璧なジャンプ。3回転ルッツからの連続ジャンプは後半が2回転になってしまったが、ステップシークエンスにはキレがあった。

19年12月のＧＰファイナル。この時はショートプログラム（ＳＰ）で出遅れ、総合2位。優勝はネイサン・チェンだった。以前、チェンの演技を見て「自分が目指すのは彼と同じ演技ではない」と感じていた。だからこそ自分の持ち味でもあり、ずっと追求してきた「総合的な完成度の高さ」でもう一度勝負をしたいと考え、自らの完璧な演技が、チェンとの戦いでどう評価されるかを確かめたいという思いが強くあった。しかし、競り合う展開に持ち込めずに18‐19年シーズンの19年3月の世界選手権と同じような展開になってしまった。

続いて出場した、ハードスケジュールのなかで挑んだ全日本選手権でも思うような演技ができずに2位。このあと、最も自分らしくいられるプログラムで臨むことを決断した。歴代世界最高得点を連発して平昌五輪も制した『バラード第1番ト短調』と、『ＳＥＩＭＥＩ』に変更したのだ。

変更を決めたあとの第一歩となったのが、過去3回出場しながらも、まだ優勝していなかった四大陸選手権。そこで優勝すればジュニアとシニアの主要6大会を制することになり、男子初の〝スーパースラム〟達成となる。そして、プログラム変更の決断は、ＳＰの見事な演技で結実した。

「自分の身体が覚えている」

20年2月7日、ソウルで開催された四大陸選手権で、18年平昌五輪以来2年ぶりの『バラード第1番ト短調』を披露した。ジャンプ構成は最初に4回転サルコウを跳び、続いて4回転トーループ＋3回転トーループ。そしてフライングキャメルスピンを入れたあとにトリプルアクセルと、最大の得点源である連続ジャンプを基礎点が1・1倍になる後半に入れない構成だった。

「今回前半に4回転を2本入れたのは、それが一番自分が表現し切れるプログラムであって、今のＧＯＥの幅が±5点に増えた現状では、一番点数が安定してとれるんじゃないかということもあってこの構成にしました。何よりも自分が、このプログラムで何を表現したいのか、どのように曲を感じたいかということを一番大事に、このプログラムのこの構成を選びました。やっぱり何か、本番になったらたぶん、音と跳べるフォームを一緒に記憶しているんだなというふうに思って……。とにかく自分は曲もプログラムも信じて跳んだというのが大きいと思います」

「自分のジャンプを信じて跳んだ」。平昌五輪のＳＰのあとにも口にしていた言葉だ。ギリギリの状態で挑んだ大会では、冷静すぎるほど冷静に、無駄が一切ないシンプルな動きでジャンプをすべて決めていった。「もう何年も付き合ってきたジャンプだからこそ、自分の体が覚えていると信じていた」と話した平昌五輪の時と少しだけ違っていたのは、ジャンプだけではなくプログラム自体も信じていたことだった。

「平昌と今回は少し違っていますね。平昌のほうがもうちょっと狙っていたかもしれない。やっぱり後半に4回転＋3回転があるので、スピンはちょっと回転速度も遅くしたりして、目が回りすぎないようにとかいろいろコントロールしていたんですけど、今回は後半がトリプルアクセルだけなので、思い切って全部をできているというか。競技プログラムとして競技をやっているなかでこれをできるというのは、本当に幸せだなと思います」

　こう話すジャンプは完璧だった。静かな流れの中で跳んだ最初の4回転サルコウは、9人のジャッジの5人がGOE加点5をつけて他は4で4・43点の加点。さらに音が高まったなかで力強さも見せながら跳んだ4回転トーループ＋3回転トーループは4人が5点をつけて4・21点の加点にした。そして音が静まるなかでフワッと軽やかに決めたトリプルアクセルは、3・77点の加点（トリプルアクセルの最高加点は4点）と、3本とも音に合わせた完璧なジャンプ。さらにチェンジフットシットスピンも、めまぐるしく手の置き方を変えていくスピードのある滑りだった。

　演技構成点は、すべてのジャッジが5項目すべてで9・50点から10・00点を並べる高い評価で48・40点を獲得。合計111・82点と、納得できるものだった。

「できれば112点までいけるようにと思っていましたが、あと0・2点というのは誤差というか、付いたり付かなかったりする点数だと、自分の中では今回は思っているので。いつでもその0・2点を超えられるようないい演技ができる準備をしていきたいなと思います。

　とにかく一番よかったなと思うのは、ジャンプとかステップなどで、『ここは何回回って』とか『ここを注意して』というのが全然なかったので。自分の中ではもう、何の雑音もなく滑り切れたし、最後に音が終わって手を下ろすまでつなげられたというのが一番心地よかったな、という気持ちでいます。こんなに気持ちよく滑れたのは久しぶりです。本当にこれまでの『バラード第1番』のなかで、一番よかったんじゃないかなと思っています」

　これまで以上に静かなピアノの音に敏感に反応してそれをそのままジャンプや滑りで表現し、曲調が高まるなかではそれに自分の感情を乗せるような圧巻の滑りだった。

「『オトナル（秋によせて）』をやったからこその表現の仕方とか、深みもとれたと思いますし、何より曲を感じることをしながらも、すごくクオリティの高いジャンプを跳べたということは、このプログラムならではかな、という感じもします」

　平昌五輪の前のシーズンに『レッツ・ゴー・クレイジー』と『ホープ&レガシー』を演じたときには、「ミュージシャンのライブのように、そのときどきに感じている感情や思いを乗せて滑る、そのときだけの一期一会のような演技をしたい」と考えていた。そういう面では今回の『バラード第1番ト短調』も、五輪後に経験した気持ちの揺れも含め、そのすべての要素が上乗せされた今だからできる演技だった。

「今日『バラード第1番』をやってみて、『ＳＥＩＭＥＩ』も違うものになると思っています。やっぱりあの頃とは経験値が違うし、音の感じ方とか間の取り方とか……、あとはどういうふうに表現していくかというのも全然違うので。だからまた違ったものにしたいなという気持ちでいます。やっと自分にストンと戻ってきた感じがする。ワインやチーズと同じで滑れば滑るほど、時間をかければかけるほど熟成して、いろんな深みが出るプログラムだなと思いました」

四大陸選手権の最終日、午前9時40分からの男子公式練習は、6人のうち4番目の曲かけだったが、曲かけを行なわずに開始15分後にリンクから上がった。リンクに上がった直後からスピードをあげて滑りだし、1分後には4回転トーループ＋1オイラー＋3回転サルコウを難なく決めた。さらに4回転サルコウをきれいに決めると、そのあとはトリプルアクセルから3回転フリップまで、演技前半の2本目から4本目までのジャンプを続けて跳び、そのあとのフライングキャメルスピンまで続けた。そしてジャージを脱いだあとに3回転ルッツを2回跳び、冒頭に予定している4回転ルッツにトライ。そこからの5回は滑るコースをふさがれることもあって1回転になっていたが、正規のコースを滑ることができた6回目には4回転をきれいに決めると、そのまま次の4回転サルコウまでつなげた。そして再びジャージを着ると、4回転トーループ＋3回転トーループと、4回転ルッツに入るコースを確認してリンクをあとにした。

この日の男子フリーの試合開始は午前11時30分から。22番滑走の羽生の出番は午後3時00分30秒の予定。一度ホテルに戻っても、午後1時30分には出発しなければいけないことを考えれば、練習をフルにやっていたら2時間弱しか休めない。そんなスケジュールだからこそ、コンディションを優先した。

本番前の6分間練習では4回転トーループ＋3回転トーループと4回転サルコウを決めると、ルッツの入りを確認して3回転を跳んだあとに4回転ルッツをきれいに決め、あとはコースを確認するだけにとどめた。

4分間に短縮した『SEIMEI』の冒頭のジャンプを4回転ループから4回転ルッツに変え

たのは、昨季からずっと悩まされていた氷のコンディションに対応するためだ。昨季の世界選手権でも「エッジ系のジャンプは氷の状態の影響を受けやすいから、それが少ないトー系のジャンプを入れることを考えなければいけない」と感じていたが、今季も前半戦ではループで苦しんでいたからだ。新たな『SEIMEI』を完璧なものにするためにも、「やっている年数はルッツとループは違うし、経験値の差はあまりにも大きいと思うので、そこを埋めていかなければいけないとは思いますが、体が動けばある程度は跳べるジャンプでもあるので」と、経験値より可能性を選んだ。

四大陸選手権はそんな『SEIMEI』の初披露の場だったが、思わぬアクシデントに惑わされた。ひとり前のチャ・ジュンファン（韓国）の演技が終わってリンクに上がると、フェンス際の氷の状態を見てから右手をあげてアピールして審判席に向かった。

「リンクに入った時に、氷に穴が開いて下のコンクリートが見えているのに気がついたので。そこで一瞬、どうしようか考えてからレフェリーに伝えました。その時に何も考えずにレフェリーのところに行くようにすればよかったんですけど、そこでちょっと迷って気が散った状態で入っちゃったかなというのが残念です。自分の中でルッツに集中しようという気持ちになっている状態で入っていけていれば、また違った状態になったと思うので……」

そんな状態で臨んだ最初の4回転ルッツは、着氷で尻が下がってしまい、手をついて3・78点減点。それでもそのあとの4回転サルコウとトリプルアクセルは3・88点と3・66点の加点をもらう出来にした。アクセルの直後に跳んだ3回転フリップはエッジがクリアでないと判定されたが、しっかり立て直したかに見えた。だが、ステップを終えて後半に入ってから崩れてしまった。
「最初の出来事もいい経験になりましたし、これだけ崩されるような状況になったとしても、ルッツはあそこまで行けるんだよという感触にはなったので、収穫でもあると思います。ただ後半に関しては、やっぱりそこで集中しなきゃということもあったし、頭を使ったというのはあります。体力というより頭かなと思います」

連続ジャンプにする予定だった最初の4回転トーループで着氷を乱すと、とっさに1オイラーをつけてから3回転サルコウを跳ぶ3連続ジャンプにした。次の4回転トーループでは転倒したものの、最後のトリプルアクセルには予定していた2回転トーループではなく3回転をつけてリカバリーし、2・74点の加点をもらうジャンプにした。

そんな乱れもあって演技構成点は伸びきらず91・28点。合計を２９９・42点にしてしっかり勝ち切ったが、ＳＰのように納得し切れる結果ではなかった。

それでも、これで四大陸選手権を初制覇して、ジュニアとシニアを通じた主要国際大会をすべて制す〝スーパースラム〟を達成した。優勝が決まったあとにその感想を求められると、苦笑いを浮かべた。
「この大会は16歳の時にいい演技をして銀メダルで、それからなかなか勝てないなと思いながらやっていたので、やっととれてよかったなと思います。とりあえず今回は、フリーのことは忘れて……（笑）。ショートがよかったうえでのスーパースラムだと思うので、総合的には『とりあえずよかったな』というところですね。あとはホッとしているのが一番です。本当はたぶん、世界選手権や五輪が最後にとるべきものだったかもしれないですけど。今シーズンはスケートカナダの呪縛が解けた。それに先シーズンはＧＰシリーズ１戦目の呪縛だとか、そういうものを少しずつ晴らしていけているので、そういった意味でも何かホッとしています」

『バラード第１番ト短調』と『ＳＥＩＭＥＩ』に再び挑戦する意味については、こう話した。

「フィギュアスケートは毎年毎年新しいプログラムをやったり、続けても２年くらいだったりする。でもそれが本当の真理かなと、自分の中では思っていて。たとえば伝統芸能とか……。『ＳＥＩＭＥＩ』は特にそっちの要素が入っていますけど、何か語り継がれるものというのは、何回も何回もやっているじゃないですか、バレエにしてもオペラにしても。だから自分も何か、そういう道に行ってもいいんじゃないかなって。もっと極められるものもあるのでは、と思うんです。

むしろ同じものをやるって、怖いんです。評価の比較対象が自分で、しかも最高の自分の状態と比べられてしまうので、すごく怖い。でもそれよりも上に行けるようにと常に考えているから、それもまたひとつの形じゃないかなと。『Origin』と『オトナル（秋によせて）』を通してここまで来たからこそ思います」

その怖さについては、平昌五輪シーズンを『バラード第１番ト短調』と『ＳＥＩＭＥＩ』で行くと決めたときも感じていた。「ジャッジや観客にどう評価されるのか怖い」ところがあるため、前シーズンの『レッツ・ゴー・クレイジー』を続行しようかと迷った。だが平昌ではそのプログラムが以前とは違う感動を持って受け入れられ、評価され、五輪を制した。そんな経験もしてきたからこその、今の『バラード第1番』と『ＳＥＩＭＥＩ』だった。

世界選手権へ向けては、4回転アクセルを入れられるように努力はするが、基本的には今やっていることを突き詰めていくつもりだった。

「フリーに関しては点数を出し切れていないけど、方向性は間違っていないと思うし、この方向で自分はスケートをやりたいと思っています。それが評価されるのであればうれしいし、評価されないというのであればしょうがないという気持ちです。ルールは自分で変えられるものではないので、それをジャッジや観客の皆さんに劣っていると思われれば、それが僕の実力だと思います」

大きな手応えも感じていた。四大陸選手権で高い評価を受けたＳＰの『バラード第1番ト短調』は、多くの経験を積んだ今だからこそできる、平昌五輪とも違う演技や表現ができたからだ。


この四大陸選手権では、「プログラムを熟成させる」と口にしていた。

「今回やったふたつだけではないですけど、それぞれのプログラムにはそれぞれの過程があって……。特に『ＳＥＩＭＥＩ』からですが、自分で曲を選んで自分で音の編集に携わって。ここでこうしたい、ああしたいというイメージをすごく膨らませながら作ったというのが『ＳＥＩＭＥＩ』からなので。それ以降の子たち（プログラム）はすごく思い入れが深いというか、自分の表現したいことがまだ、何かしら残っている感じがします。

ただ『バラード第1番』に関しては、(振り付けの)ジェフ(リー・バトル)自身も言っているんですけど、この曲を聴いた時に表現したいことがいろいろ見えていて。自分自身もこういうふうに表現したいという思いと、ジェフの『こういうふうに表現させたい』というのが合致していたと思うんです。それが今やっと表現できるようになったというのが……、何よりも羽生結弦が表現したいことが、今回の『バラード第1番』に詰まっているかなという感じです。

だから余計に親近感があります。それを熟成させたいけど、それは何か僕の中では、やらなかった期間があったからこその熟成みたいなものだと思っているんです。やらなかった期間には、いろんなものに手をつけた。アイスショーのコラボレーションだったり、自分のエキシビションだったり。『オトナル(秋によせて)』と『Origin』もそうなんですけど、だからこそできる表現みたいなものが、もうちょっと組み込めていけたらいいなと思っています」

また、この時強調した「シームレスな演技」は、自身が目指す理想の演技を明確に表わすものだった。

「音と一体になって、そして質が高いものをすべて行なえる。そこに流れが止まる瞬間がないというか……。もちろん表現として必要な止まり方というのもありますけど、そういうのも含めたものすべてがシームレスに入っているというのが、やっぱり自分にとっては心地いいんです。そしてそれを観て、心地いいと思ってくれる人がいるのであれば、それをやっていきたい。自分自身がその心地よさを求めてフィギュアスケートをやっているので、それが何か、今回の試合で感じられたのは大きいかなと思います」

そのシームレスな演技を作り上げるためには、ジャンプ自体もただ跳ぶだけではなく、表現したい流れの中でのひとつの要素として溶け込ませなければいけない。だからこそミスはできない。さらに得点を競う競技の場だからこそ、より高難度のものに挑戦し、それを完璧に跳ばなければいけない。それが思い描く完成形だった。

今できる自分の理想の演技。高難度のジャンプを組み込んだ、芸術へ昇華するような完成された滑り。それは、自身が目指すフィギュアスケートのひとつの到達点でもある。さらには、その先のゴールもある。

「今の自分のフィギュアスケートのゴールだけは明確になっています。やっぱり、4回転アクセルを入れて今回の『バラード第1番』みたいな状態のフリーを作りたいというのが、自分の中では一番です。だからそれを目指していきたいとは思うけど、ただそれは高難度という意味の4回転アクセルではなく、自分のプライドとしての4回転アクセル。ただ単に高難度だけにこだわっているわけではなく、ある程度自分ができるギリギリの線まで、ギリギリの難度のところまで目指してやって、そのうえで今回の『バラード第1番』のようなシームレスなものを作りたいんです」

また、『ＳＥＩＭＥＩ』の変化については、こう考えていた。

「今は何か、前より緩やかになったと思うんです。最初の頃は感情が何か殺伐として、結界を張らなきゃいけないみたいな……。結界を張って、何かと戦って跳ね返すみたいなところがあったと思うんです。でもそれが今はもうちょっと尖っていないというか、何かいろいろ達観したうえでやっているというのがあって。それはある意味、『陰陽師』という映画の中の、安倍晴明にちょっと近づいてきたのかな、という感じが少しあります」

さらに、「すぐにそれを完成させることはできないとは思うが、トライはしたいなという気持ちがある」と、１カ月後の世界選手権へ向けても思いを馳せていた。だが、その世界選手権は新型コロナ感染拡大で直前になって中止になり、挑戦する機会は失われた。

未来への強い意志

その喪失感を抱えたまま入ったオフシーズンは、拠点のカナダへは戻れず国内にとどまってコーチとも離れてひとりで練習をすることになった。そして、８月には新シーズンのＧＰシリーズ欠場を表明。新型コロナウイルス感染が拡大するなか、自分が出場すれば多くの人たちも移動するようになり、それが感染拡大につながる可能性があると考えたからだ。

自粛期間には、コロナ感染を避けるために国内で細心の注意を払いながら練習や生活をしてきた。自分のためにカナダからコーチに来てもらうべきではないと考え、コーチ不在のリスクを承知しながらもひとりで練習をすることを選んだ。

「前のシーズンに宇野昌磨選手がひとりでＧＰシリーズを戦っていたのを見て、コーチがいない難しさも感じていました。自分自身も、ＧＰファイナルではコーチがトラブルで同行できず、ショートはひとりでやってうまくいかなかったという経験もありました。ただ、これだけの長い期間をひとりでやるというなかではかなり迷いもあって、悩みもすごくありました」

4回転アクセルの練習をすればその衝撃で足も痛くなる。それで他のジャンプもどんどん崩れてしまう。トリプルアクセルさえ跳べない時期もあり、「自分はこれからどんどん技術が落ちていくんだろうか」と考えてしまい、負のスパイラルに陥って、精神的にどん底まで落ち込んだ時期もあった。

「本当にどん底まで落ち切りましたね。自分がやっていることがすごく無駄に思える時期も長くあったし、トレーニングや練習の方向を考えるだけではなく、新しいプログラムの振り付けも考えなければいけないというプレッシャーも、自分で自分をプロデュースしていかなければいけないというプレッシャーもあった。自分は応援してくれている人たちの期待に、本当に応えられるのか。そもそも自分は4回転アクセルを跳べるのかと……。それに入ってくる情報では他の選手はみんなすごくうまくなっているようだったので、自分ひとりだけが取り残されて、ただ暗闇に落ちていくような感覚になった時期もありました。だから、『ひとりは嫌だな』『疲れたな』『もうやめようか』などとも思ったりして。でもエキシビションの『春よ、来い』と、ノービスの時の『ロシアより愛をこめて』を両方滑ったときに、『やっぱりスケートが好きなんだな』と思ったんです。スケートじゃないと自分はすべての感情を出し切ることができないな、と。だったらもうちょっと自分のためにわがままになって、誰かのためではなく自分のためにも競技を続けてもいいのかな、という気持ちになれた。そこでちょっと前に踏み出せました」

医療従事者など寝る暇もなく頑張っている人たちや、職を失ったり収入が減って生活すること自体が苦しくなっている人たちもたくさんいることを思うと、自分の苦しさや悩みは小さなことではないかと感じ、恵まれた環境にいる自分が落ち込んではいられないとも思った。そして、カナダのコーチにも連絡を取る心の余裕もできたことで、周囲の状況も見えるようになってきた。

「今、スケートをやれているということ自体が、本当にすごく恵まれていることなんだなと思いました。僕自身は苦しかったかもしれないけど、こういう状況だからこそ、自分の演技が明日まででではなくてもいいから、その時だけでも、演技が終わったあとの１秒だけでもいいから、少しでも見ている人たちの生きる活力になったらいいなと思いました」

　自分たちアスリートが、多くの人たちに何かできるとしたら、こういう時にこそ全力で戦う姿を見せるべきではないか。そうした想いを持って20年12月の全日本選手権出場を決めた。そんななかで前を向き作り上げたのが、ＳＰ『レット・ミー・エンターテイン・ユー』とフリー『天と地と』だった。


　その新プログラムを初披露したシーズン初戦の全日本選手権。ＳＰでは足替えシットスピンが規定の姿勢になっていない部分があり0点という予想外のミスもあったが、感情を出し切る演技で１０３・53点を獲得して首位発進した。

　フリーに向けては「まずはしっかりと体を回復させることが大事」と考え、12月26日午前の公式練習には落ち着いて臨んだ。曲かけでは最初の４回転ループを軽やかさもあるジャンプで難なく決め、４回転サルコウとトリプルアクセル＋２回転トーループ、３回転フリップも決める。さらに少し間を取って琴の音に乗ってステップを滑ると、後半に入れた4回転トーループ＋3回転トーループと、4回転トーループ＋1オイラー＋3回転サルコウ、トリプルアクセルとすべてのジャンプをきれいに決めた。10本跳んだ4回転はすべてミスなく終え、前半と後半のジャンプへの流れを確認。冷静にやるべきことに集中しきった練習だった。

迎えた夜のフリー、大河ドラマ『天と地と』のテーマ曲で滑り出すと、冷静に計算された動きで力みのない4回転ループを難なく決めると、4回転サルコウ、トリプルアクセル＋2回転トーループ、3回転ループと流れるように演技が続く。さらに後半、4回転トーループ＋3回転トーループと4回転トーループ＋1オイラー＋3回転サルコウ、トリプルアクセルも鮮やかに決めた。前日のＳＰでは4回転2本に少し不満を持っていたが、この日は「これぞ羽生結弦のジャンプ！」と強くアピールするような、見事なノーミスのジャンプを続けた。

「自分自身、このプログラムにすごく思い入れがあって曲を聴けばすごく感情も入るし、振りの一つひとつにもいろんな意味を込めています。ただそのなかでもやっぱりジャンプを完成させないと、プログラムの一連の流れとして伝わるものも伝わらなくなってしまうと思う。シーズン初戦だったとはいえ、本当に自分が伝えたいもの、このプログラムで見せたかったことを、ジャンプが途切れなかったという意味でも少しは見せられたのかなと思います」

昨シーズンを振り返り、「ともに2位だった全日本選手権とＧＰファイナルのこともありますが、自分が成長してないんじゃないかなとか、だんだん勝てなくなっているのではないかなとか、そういう思いがあったりして一瞬『戦うことに疲れたな』と思った時期もあった」。だがコーチと離れてひとりで練習して落ち込んだりいろいろ考えたりすることで、「自分はそういった戦いや試合のなかで得られる達成感や、試合に向けて壁を乗り越えていくことがやっぱり好きなんだな」と、あらためて思った。

大河ドラマの『天と地と』は、〝義〟を重んじた武将・上杉謙信の物語であり、その謙信の戦いに対する考え方、そこにある美学や、さまざまな規制があるなかで葛藤し、最終的には出家を選んだ人生。悟りの境地のようなところまでたどり着いた謙信の価値観と、今の自分の想いが少し似ていると思ったからこそ、そんな想いをリンクさせながら滑った。

この曲で流れる、琵琶《びわ》や琴の音色は印象的だ。

「最初の琵琶は曲そのままにある琵琶の音で、曲の流れが表わしているようにある意味戦いに行く準備と決意に満ちている感覚です。最後のイナバウアーをやったあとのスピンしながら響く琵琶の音は、もともとあったものではなく違うところから持ってきて曲と重ねたオリジナルなものですけど、そこはコレオステップの時に、もう戦いたくはないのに守らなくてはいけないという意味で戦う気持ちや、最後に出家するときに自分の半生を思い描いているようなイメージで重ねてみました。

琴の音は新平家物語の音も使っていますけど、どちらかというと日本風に持っていきたかったところもあったし、ステップシークエンスでは信玄公との戦いのあとで霧に包まれて味方とも離ればなれになった時に、自分と向き合っているようなイメージで。その琴の音で、自分と向き合いながら心臓の鼓動とか血液の流れの脈動を感じ、スーッと殺気が落ち着いていく感じを伝えられたらいいなと考えました」

濃霧の中で武田信玄の本陣に切り込んだ川中島の戦いを舞台にし、そのなかでの上杉謙信の心の移ろいを描く。そのために自分で選曲し、自分で編集もして心を込めながら、スケートと曲を合わせたうえで成り立たせた。それをより完璧に演じるために、ジャンプ構成も変えた。基礎点が１・１倍になる後半に連続ジャンプを集中させるのではなく、前半3番目のジャンプをトリプルアクセルからの連続ジャンプにした。

「最初はその部分は単発のトリプルアクセルと単発の3回転ループか3回転ルッツと考えていました。でもあそこから琴の音が始まっていて、それが何か風が舞い上がるような感じの音だなという感覚があったので、それだったらそこをトリプルアクセルと両手を上げる2回転トーループにして、そのままの勢いで3回転ループに行くのが、風を意識させる表現としてのジャンプになってくるかなと思ったので、今回は前半に連続ジャンプを持ってきました」

そんな思いが詰まったプログラムで２１５・83点を獲得。合計を３１９・36点にして、5年ぶりの全日本選手権優勝を果たし、前年に優勝を逃した悔しさを晴らした。コーチ不在のなかでさまざまな悩みを持ちながら、自分自身の心の葛藤とも戦いながら出場した舞台で披露したノーミスの演技。『天と地と』は、「新しい自分の代表的なプログラムに育て上げていく」という強い意志の表われだった。

「光」に手をのばす

新型コロナウイルス感染が拡大するなかで「自分が動くと多くの人が移動して集まり、その結果として感染リスクが高まる可能性がある」とGPシリーズの欠場を決め、自身も国内でなるべく感染につながらないよう慎重に行動する。感染拡大の第3波が来ている時期に開催された全日本選手権で5年ぶりの優勝を果たしたあとでも、その想いは変わっていなかった。

「僕の望みというのがすごく個人的なことなので、それを貫いてよかったのかという葛藤は今でもあります。ただ自分としては、もし世界選手権があるのであればそれに近づいておかなければ今後に向けて難しいという思いがすごくあった。コロナ禍という暗い世の中でも、自分自身がつかみとりたい光に手をのばしたという感じです」

SPの『レット・ミー・エンターテイン・ユー』とフリーの『天と地と』、両方のプログラムを確実に跳べる自信を持つジャンプで構成したのは、初披露とはいえ「シーズン初戦だから」と言い訳めいた演技にしたくないという気持ちの表われだった。このような状況だからこそ完璧な演技を見せたいという強い決意。観てくれる人たちに少しでも、笑顔を取り戻してほしかった。そして、12月28日の「メダリスト・オン・アイス」では、自分がどん底から一歩踏み出すきっかけになった『春よ、来い』を滑った。

「この時期にピッタリというか、何よりもこの世の中に一番伝えたいメッセージだったので。少しでも心が温まるように演技をしました」

いつかは春が来る。

その時へ向けて、今だからこそしっかり一歩を踏み出したいという、羽生結弦の強い意志を感じさせる全日本選手権の3本のプログラムだった。

新しい風

21年3月24日からスウェーデンのストックホルムで開催された世界選手権は3位。終わった瞬間の表情には、悔しさが滲み出ていた。

「自分のバランスが一気に、どんどん崩れていったという感覚はあります。自分の中の平衡感覚というか、最後まで回転の軸をうまくとり切れていなかったという感じはしています」

この『天と地と』はまだ試合では2回目。大会前も練習時間を4回転アクセルに費やすことで、体や感覚にしみこませ切れていなかった。

演技後は、〝4回転半〟という言葉を何度も口にした。

「誰よりも早く、4回転半を公式できれいに決める人間になりたい」

この世界選手権が特別だと思う気持ちが強かったからこそ、最後の最後まで「この大会で入れたい」という思いを持ち続けたのだ。互いにノーミスでハイレベルな競り合いをしたいと熱望するチェンとの戦い。それをまた実現できなかったことで、4回転アクセルへの思いはより強くなった。

来シーズンの4回転アクセルへの意欲を、「最初の試合から入れていくつもりです」と明言した。

「この世界選手権で完璧な演技ができて、優勝することができていたら、かなり自分の中で満足できていたと思います。たぶん『やり切ったな』と思ったはずです。でも結果的にはそれをさせてもらえなかった。でも、それでよかったんじゃないかとも思います。『天と地と』は、全日本選手権ではアクセルなしで完成できていると思うけど、やっぱり4回転アクセル込みのプログラムの完成形をちゃんと見せなきゃダメだ、と言われたような気がしました。まだそんなにやっているプログラムではないので、まだまだできることはたくさんあると思う。だから来シーズンが始まるまでに、まずは4回転アクセルを成功させること。プログラムに入れたとしても他のジャンプが崩れないで、プログラムとして完成させられるような練習を、常にしていかなきゃいけないと考えています」

そんな4回転アクセルへの思いを語ったあと、来年に迫った北京五輪をどう意識するかと記者に問われると「僕にとっての最終目標は北京五輪ではなく、4回転アクセルを成功させることです」と答え、こう続けた。

「僕が今、4回転アクセルを目指している状況の中に北京五輪というものがあれば、それは考えます。ただこういう状況下でもあるので、いろいろ世界の情勢を見ながら、また自分の体だったりいろんなことを考慮しながら考えていきたいと思います。現役を辞める辞めないではなく、4

回転アクセルを決めないと、たぶん一生満足できないとも思っています」

今後の練習拠点をどこにするかを決めるのも、4回転アクセルの練習をどこまでできるかということが影響する。コロナ禍の影響で、ひとりでの練習を続けてきたことで、あらためてわかった利点も多かった。複数人数での練習なら、4回転アクセルを跳ぼうと思ったときでもそのコース上に誰かがいれば気が散ってしまうこともある。大勢が滑るなかでの氷のコンディション変化も関係してくる。それがひとりの練習ではジャンプに集中できる。

また、自分が考えているプランに沿った練習がそのままできることもメリットのひとつだ。世界選手権前には、4回転アクセルを入れたいと考え、2月末までに1本でも降りることができればフリーに入れることを決めていた。結局その期限までには降りられなかったが、諦めきれず出発の3日前までその決断を延ばした。

「それからはかなり死ぬ気でやっていました」

他のジャンプは跳ばないで2時間ぶっ続けでアクセルだけを跳ぶ日もあった。もちろん4回転アクセルだけを続けていたわけではないが、平均すれば4回転アクセルの練習を1日45分やっていた計算になる。

「日本にずっといてトロントで体のケアをしてもらっていた先生に診てもらえてないので、身体にかなりガタが来ているのは確かだと思います。4回転アクセルの練習をやっているので体をかなり酷使しているし、痛む部分もちょっとずつ出てきて、足であったり腰であったり首であったりいろんなところに負担は溜まっていると思う。だからそこも天秤にかけながらいろんなことを考えて、これからどうするかを決めていかなければいけないと思います」

『天と地と』で4回転アクセルを入れたいという気持ちは強い。

「そもそも、4回転アクセルを入れるという気持ちでこのプログラムを作ったというのもあります。だからまだ確定ではないですけど、来シーズン（21－22年）もやりたいと思っています。今シーズンはこのプログラムたちとは試合数も積めていないので、もっとこのプログラムのいいところを見せたいと思っています。4回転アクセルが入ったら、また印象が変わると思うので、そういう意味でもこの子を完成させたいなという気持ちはあります。あと8分の1回転回ることができれば立てるし、確実にランディングすることができる」


五輪連覇という目標を果たしたあと、次の自分の競技人生の目標にした4回転アクセル。今、その新たなゴールへ本格的に進み出した。

「世界で誰よりも早く、公式戦で4回転アクセルを決めたい」

その後、納得する練習ができなかった世界国別対抗戦でも、できる限りの力は振り絞ったが、本心から納得するような演技はできなかった。フリーが終わったあとの公式練習ではエキシビションの練習を早々に切り上げ、観客もいるなかで4回転アクセルの練習に挑戦した。最初に転倒してから11回で、パンク以外にほぼ回った6回はすべて転倒した。

「いいときのジャンプに比べたら全然ダメで、非常に悔しかったです。本当はもっと完成に近くなっているので、ハッキリ言ってめちゃくちゃ悔しかったです。いいジャンプが全然できなかった悔しさをバネに……。若い時みたいですけど、本当にがむしゃらさも備えつつ、冷静にいろんなことを分析して自分の限界に挑み続けたいなと思います」

その練習は、GPファイナルの公式練習でやっていたような4回転アクセルを跳ぶためだけの練習ではなく、『天と地と』の冒頭の滑り出しから4回転ループまでのコースをなぞって滑る挑戦だった。鋭さと重厚さを持つ琵琶の音とともに、戦いの決意を決める場での4回転アクセルを決断した。

『天と地と』との冒頭の4回転アクセルは、フィギュアスケーターとして新たな時代を切り開き、新たな世界へ羽ばたこうとする決意のジャンプでもある。

終章

夢のつづき

挑戦に生きる

「２０１５年のＮＨＫ杯やＧＰ《グランプリ》ファイナルだけを見た人は、僕がすごく完璧に演じるスケーターだと思ってしまうでしょうけど、ずっと観てきてくださった人たちはたぶんわかっているように、僕がノーミスをすることなんて、これまでほとんどなかったですから……。その意味では、自分自身は挑戦することに生きていますし、そこからまた強くなろうということに、すごく情熱を注いでいます。限界はないと思ってやっています」

こう話したのは、16年10月のスケートカナダ、フリーの翌日。ショートプログラム（ＳＰ）に使っている『レッツ・ゴー・クレイジー』を作ったプリンスについて、何か研究をしたかという質問をされた時だった。

プリンスをリスペクトする理由のひとつに、「失敗をしたことによって、成功するためのものが見えてくる」という言葉に感銘を受けたからと答えた。そして「その意味でもすごく曲に共感できた」とも話した。

これまで常に、自分が今できる最高のレベルで勝負したいという意欲をむき出しにして戦い続けてきた。最初は、「世界のトップに立つためには高難度ジャンプは必要不可欠」という思いで挑戦していた。そして２０１３‐２０１４年シーズンに五輪と世界選手権、ＧＰファイナルのタイトルを独占したあとは、世界の男子フィギュアスケートを牽引する責任を持ち、より魅力的でスリリングなフィギュアスケートを確立したい思いで、技術の高難度化とともに、自身のトータルパッケージとしてのフィギュアスケートを追求し始めた。

だからこそ、「ノーミスをすることなんて、これまでほとんどなかった」との言葉は、自分が常にその先を目指し、失敗を恐れることなく挑戦し続けてきたことを示した。そして、「これからも挑戦を続けて、いつか必ず最高なものを作り上げる」という決意と自負を表わす言葉だった。

このスケートカナダは、3大会連続の2位にとどまった。16−17年シーズンは、左足甲のケガで1カ月半の完全休養を取り、まだ完治していない状態で練習を再開。負担が少ないループとルッツから跳び始めていた。

そのなかで4回転ループを構成に組み込むと決め、そのジャンプの完成に集中すると、夏には完成度を高めた。4回転ループをSPとフリーの両方に組み込んだのは、順調でなかったことを逆手に取り、次へ向けた一気の進化を求めたからだった。

この大会、SPでは前半の4回転2本でミスをして、フリーでも冒頭の4回転ループと後半最初の4回転サルコウでミスをしたが、フリー1位でSP4位から2位まで上げた。

「4回転を4本入れるプログラムにも、光がちょっと見えたと思います。僕としてはGPシリーズの初戦でここまで希望が見えたというのは珍しいので。前年のこの大会ではショートでジャンプ2本が無効になり、フリーでも後半の4回転で手をついて立って、みたいなことをしましたけど、あの時よりも今回は確実に後半の安定感というか、自分自身が一つひとつのジャンプを丁寧にできた感触はあったので。それに気持ちも曲に込めたし……。そういう意味では順調に滑り出せたかなと思っています。この日感じた悔しさもしっかり心の中にとどめて、原動力にして体に気を付けながら練習をしていければいいと思う」

そう話した表情には、挑戦できる喜びがにじみ出た。

唯一無二の〝美〟

15年から自身のシーズン開幕戦として出場していたが、なかなか納得のいく演技ができない試合が続いていたオータムクラシック。平昌《ピョンチャン》五輪シーズン初戦となった17年９月のこの大会では、ＳＰは歴代最高得点の発進だったが、フリーでは悔しさが残った。

勝負のプログラムとして選んだ『ＳＥＩＭＥＩ』は「ステップは絶対にいいものをやりたい」と思い、「前半はかなり力を入れてトップの力でいこう」と、静の演技にしたＳＰの『バラード第１番ト短調』とは違い、躍動感を重視した。だが、メリハリが効いた滑り出しからスピードを上げて臨んだ最初の３回転ルッツがパンクして１回転になってしまった。

「ルッツが最初に抜けた時、跳ぼうと思えば跳べるジャンプだから４回転ループを入れようかと一瞬考えたんです」

終盤は自信を持つトリプルアクセルも転倒。合計は２６８・24点にしたが、ハビエル・フェルナンデス（スペイン）に逆転されて2位にとどまった。

　直前に右膝の痛みが出て、4回転ループを封印して演技前半の3本はすべて3回転にした。そこで目標にしたのは、4回転を3本とトリプルアクセル2本を入れた後半のすべてのジャンプをきれいに決めること。4回転ループ封印で守りに入るのは嫌だと、前半3本のジャンプを3回転にし、当時誰もしていなかった演技後半だけに4回転を入れる構成を成功させてみたいと考えた。

「感じるのはもどかしさと悔しさですね。やっぱり4回転ループをやればよかったなと思うところもある。ループは練習では1日1回はやっていて確実にいいものになってきているし、4回転ルッツもできなくはないです。そういった一つひとつの雑念がすごく多くて、いろんなことを考えすぎてグチャグチャになってしまったのは正直悔しい」

　最初の3回転ルッツをパンクしていろいろ考えてしまった時点で、集中力がどこかに行ってしまっていたという。

「そういうときに集中力の弱さが出てしまうというのが、僕のスケート人生の中で永遠の課題だと思っています。だから、やっぱり挑戦しないと僕らしい、いい演技はできないんだなと思いました。そのためにはガラスのピースをもっともっときれいに積み上げていくのではなくて、粗くてもいいから頂点まで絶対にたどり着けるという地力も必要。逆に脆いからこそ積み上がった時にすごくきれいになるというのも僕の特徴だし、強みなので。そういう長所も生かすような試みをしていきたいと思います」

　その言葉は、自分のフィギュアスケートや精神状態を、冷静に分析しているからこそ口をついて出たもの。すべてのピースを隙間なく均等に埋め込み、表面が磨き上げられて滑らかでバランスも完璧な三角錐は、ひとつの理想の形だ。

だがそれとは違う、表面が粗くてアンバランスでも美しく、高く積み上げた三角錐。それは、光を受けたときの反射光も、計算されないさまざまな方向に放たれるような、ひと味違う、唯一無二の〝美〟を生み出すはずだ。

「ずっと観てくれている人は知っていると思うが、僕はノーミスの演技をすることはほとんどなかった」と話したように、常に今できること以上のものに挑戦したいという心を持ち続けている。

「9歳の自分」

自ら企画・プロデュースし、平昌五輪を制したあとの18年4月に開催したアイスショー「Continues〜with Wings〜」では、現役生活を続けようとする気持ちをこう説明した。

「今の自分の気持ちとしてはなるべく試合に出て、自分の演技をしていきたいなと思っています。それは、今回プロデュースしたアイスショーの中で、出ていただいたスケーターの方々を本当に偉大だと思い、自分はまだ未熟で、もっともっと頑張らなければいけないなと感じたからこそだと思います」

五輪連覇を果たしたあとも進化を希求する思いはまったく衰えなかった。18-19年シーズンは五輪前と同じように右足首に重大なケガを負い、ぶっつけ本番で挑んだ世界選手権では、ネイサン・チェン（アメリカ）に敗れる悔しさを味わった。

だが、19－20年シーズンは、スケートカナダで世界最高得点に肉薄する322・59点を出し、出場4回目にしてこの大会で初優勝を果たした。

そして、NHK杯でも優勝した。前戦のカナダがよかったからこその緊張感もあった試合。SP109・34点を獲得して迎えたフリーは、後半にミスが出て連続ジャンプを2回しかできなかったが、この試合へ向けて一番大事だと考えていた冒頭の4回転ループと、次の4回転サルコウをしっかり決めることができた満足感のほうが勝っていた。

「6分間練習では4回転ループを4本やってトリプルアクセルの練習はやらなかったけど、もう4回転ループだけに集中しようと思ってやっていました。最後は曲がかかった時の入りで跳んでパンクしてしまっているけど、それが一番大きいかなと思います。『こういう入り方だったら、たぶん間違いが出るな』ということを確認できたので。このプログラムで4回転ループをしっかり片足で立って降りたのは初めてなので、『やっと壁をひとつ超えたかな』と思えました」

2本目の4回転トーループがパンクして3連続ジャンプにできなかったあと、予定していたトリプルアクセルからの連続ジャンプ2本を、4回転トーループ＋3回転トーループと、最後に3回転サルコウを入れる3連続ジャンプにしたリカバリーが効き、得点は305・05点。

「目標にしていたループとサルコウをクリアできたので、もうちょっとNHK杯を楽しんで、お客さんの前で『ここまでできるんだぞ！』ということをやってもいいかなと思い、ステップを少し抜いてブライアン（・オーサーコーチ）たちに『やっていい？』という視線を送ってから行きました」

そして、「これでやっと、『GPファイナルで戦えるな』という気持ちを持ててきた」と、チェンとの対決への意欲を示し、負けたくないという思いを、「僕の中では9歳の時の自分とずっと戦っているんです」と笑いながら話した。

「9歳で初めて全日本ノービスで優勝した時は、もう自信しかなかったし、自信の塊みたいな自分がいて。そのときの自分に、ずっと『お前、まだまだだな』と言われているような感じがするんです。だから本当はあの頃の自信の塊みたいなところまでいきたいんです。

だんだん大人になっていくにつれていろんな言葉や、いろんな物事とか、社会ルールみたいなものに縛られていってしまい、そのなかで自分たちに意味づけをしていってしまう。子どもの頃はそういうのは何もなく、ただやりたいことを……、自分が心から好きだと思うことをやって、自信がある、あるいは自信がないということにすごく素直でいられる。

今はそれをまったくできなくなってきている。でも自分の根源にあるものはたぶん、そういうような、本当に自分が心からやりたいもの、心から自信を持てるものをスケートで出したいんです。たぶんそう思えているときが一番強い自分ですし、それになりたいと思っている。小さい頃のなんでもできると思っていた自分のようになることが、最終的に羽生結弦だと言えるのかなと思います。たぶん、それがフィギュアスケーターとしての僕の、理想像だと思います」

そうして挑んだ19年12月GPファイナルでは、予想外のコーチ不在となったなか、SPでは出遅れた。そこで心の中にあったリミッターを外し、荒ぶる気持ちを全開にした。フリーで挑んだのは4種類5本の4回転ジャンプを入れ、基礎点が高くなる最後の3本は4回転トーループの連続ジャンプ2本と、トリプルアクセル+トリプルアクセルの超高難度の構成だった。

「試合では使わないでいられるようにしたいと思っていた」という構成で、練習で滑り込んでいたものではなかっただけに、終盤は崩れた。合計では世界最高得点を出したチェンの優勝を許すことになったが、それでも表情は晴れやかだった。同時に悔しさも強く感じた。そしてノーミスの演技をできなかった自分への不甲斐なさも。それとともに、もっと強くなりたい、自分のフィギュアスケートを完成させたいという思いは熱くかき立てられる。次へ進むための大きな力をもらえた大会になった。

前代未聞の挑戦

新型コロナウイルス感染拡大を受け、自分が出場していいのかという葛藤を抱えながら3大会に出場した20－21年シーズン。カナダに入国することができなかったためコーチ不在で練習をし、シーズンへ向けての準備も自分自身で決断しなければいけなかった。そうしたなかでいろいろなことを考え、苦しんだ。だがそれはこれまでとは違う視点から自分を見つめ直し、さまざまなことを得ることができた貴重な機会だった。

初戦の全日本選手権では圧巻の演技で優勝、世界選手権は3位で22年北京五輪の国別出場枠3獲得に貢献した。どの大会も最後まで「4回転アクセルを入れたい」という思いを持ち続けての出場だった。

20年2月の四大陸選手権以来、10カ月半ぶりの試合の舞台となった全日本選手権。

「コロナ禍ということで、葛藤もかなりありましたが、ある意味では、その悩みのおかげで自分が試合に出る意味、スケートをする意味をちゃんとわかったうえで試合に臨めました。精神的にすごく落ち着いた、自分の最高の演技をするということだけに気持ちを使えたと思っています」

「出場すべきなのかどうなのか」という、自分の心の中での問いかけはずっとあり、ギリギリまで出場の決心はつかなかった。それでも「練習だけは積んでおこう」と、しっかり練習をこなしていたことで、結果は満足のいくものになった。ただそれは、「戦いに勝つとか、ノーミスできたからという理由ではなく、練習がしっかりと結果に結びついてくれたことが何よりもうれしかった」という満足感だった。

その結果で世界選手権代表には決定したが、その時点ではまだ開催が未確定。全日本の満足感が大きかったことも加味され、大会へ向けた気持ちはどこかフワフワしたもので、その舞台で演技をするイメージは湧いていなかった。「ただ、身体を早く回復させて、4回転アクセルを成功させるんだという決意はありました」と振り返った。

「世界選手権ははっきり言ってしまうと、試合への準備が全然できていませんでした。何よりも4回転アクセルを降りたい、4回転アクセルとともに世界選手権にいきたいという気持ちだけで練習していました。その練習での足へのダメージもかなり大きく、直前には地震もあってかなり心も身体も消耗し切っていて。ただ、最終的には4回転アクセルという一番のモチベーションは捨てて、五輪出場枠を最大で獲得するために滑るんだという意志で滑ってきました」

　世界選手権終了直後は「頑張った」と思えた。

だが、時間がたつとそうした思いは薄くなり、全日本選手権でできていた演技すらできなかったことに悔しさを感じるようになった。そして帰国後の自主隔離生活を経ての世界国別対抗戦も、「体力もかなりギリギリの試合」。帰国後にしっかり休んでセルフケアにも取り組んだが、「試合に出るまででいっぱいいっぱい」という状態だった。

「でもどちらの試合も後悔はしていませんし、それぞれの最善は尽くせたと思っています。ただ、演技内容は満足いくものではありませんでしたが、エキシビションでの『花は咲く』は、両大会とも心からの演技ができましたし、僕自身が幸せをいただきました」

　そんな変則的なシーズンの戦いを経験して得たものもある。

「それぞれの試合での目標は達成できていますし、それによって自分を肯定してあげられるようになったことが、このシーズンで一番成長したことだと思います。もちろん世界選手権はかなり悔しいですが、目標自体は達成でき、また演技内容もその時のベストではあったと思うので、ある意味では肯定できています。あと、練習の仕方や考え方が確立されてきたことは大きいです。そして、それがちゃんと結果として出てくれたのもかなり大きな収穫でした。まだまだ改良の余地はありますが、自信を持って自分の練習理論に頼り切れるようになりました」

そんな手ごたえは、これまでとはまったく環境の違うオフシーズンからの積み重ねがあってのものだった。

「なぜか涙が出てしまいました」

20－21年シーズン後インタビュー（21年7月）

――20年2月の四大陸選手権で「スーパースラム」を達成したあとは、翌月の世界選手権へ意識を向けていたと思いますが、コロナ禍の突然の中止をどう受け止めましたか？

びっくりして涙が出た感じですね。自分の中では世界選手権へ向けて心の準備がうまくできていなかったところもあり、何か中途半端で宙ぶらりんな感覚だったんです。それで実際に中止と聞いた時は、「あぁないんだ」と思ったらなぜか涙が出てしまいました。すごく悲しいとかつらいではなく、緊張の糸がプツッと切れたという感じの、何か不思議な感覚でした。ただ、それでモチベーションが途切れるということはなく、シーズンオフになるのでスケーティングやアクセルの練習をしっかりできるなと思い、気持ちを切り替えながらやろうと考えました。でも、急に「今日から（カナダの）クリケットクラブのリンクが閉まる」とメールで連絡があったので、「どうしようか？」となって日本に戻ることを決断しました。

――アイスショーも中止となり、これまでと違ったオフでしたね。

寂しかったな、という気持ちもありますし、今アイスショーにも何回か出させてもらっているなかで、やっぱり皆さんの前で何か演じたり、スケートをしたりしてそれを観ていただくということが、本当に好きなんだなってあらためて感じているんです。だからそれがなかった昨年（20年）は、どちらかというと自分との対話が多いというか、自分がスケートと向き合っている時間みたいなものがすごく多かったような感じでした。

――これから何をすべきかということを考えましたか？

結局は、自分には4回転アクセルをしっかり成功させたいという気持ちがずっと根底にあるので、そのおかげで今の自分には「夢を追いかける生き甲斐」みたいなものもあるんだと思います。それが中心で今の自分の生活が成り立っている。そこに関してはあの頃も今も変わってないですね。ただ、その4回転アクセルに向かっていくにあたってコーチがいなかったり、練習環境が変わったり。自分でいろいろ決めたり、体のケアの問題もあったりで、なかなかうまく歯車の嚙み合わない時期があって。4回転アクセルとかいうレベルではなく、自分自身がやっていたことのレベルがどんどん下がっていくみたいな感覚にまで落ち込んだときは、なんで自分はスケートをやってるのかなという……。それこそ喪失感ですね。自分の力がどんどんなくなっていくというか、自分のスケートじゃなくなっていくみたいな、理想とかけ離れていくみたいな悲しさもすごくありました。

――振り返ると、なぜそこまで落ち込んだのだと思いますか？

やっぱり4回転アクセルはそんなに簡単なものではなくて……。たとえば、先生に見てもらっていたら「ここはよかったよ」「ここはもうちょっとこうしようか」というフィードバックもあるけど、それを自分でやらなくてはいけない。それに、その目標はかなり高いところに設定されているので、常に達成できないまま毎日を過ごしていくんです。自分を肯定することをまったくできないままやってきたというのと、あとは分析をしすぎて頭と心が消耗してしまったという感じが大きかったですね。

――その期間中には大学の卒論もまとめていましたね。

それもかなり集中してエネルギーを使いました。実際、学術誌に掲載していただいたのはほんの一部で、もっとしっかりデータを出していろいろやっているんです。そのデータを取るのに時間もかかったし、かなり頭を使って。ちょうどいろいろなことが重なってしまいました。4回転アクセルの練習で足が痛くなって休まなければいけなくなり、復帰したらジャンプが全然跳べなかったりと、すべてがマイナスの方向に傾いていたなと思います。

――誰かにジャンプや滑りを見てもらう機会もなかったですからね。

皆さんに観てもらったり、拍手をもらうというのはやっぱりうれしいことなんですね。だから自分がそのときに思ったのは、自分が心のままに何かをしたり、自由に体を動かすというのはスケートしかないなということでした。4歳からスケートをやってきて、もちろん自分の中には「まだこの動きはできないな」とか、「もっとこうできたらな」というのはたくさんありますけど、自分の心から何かを表現するとか、自分の心がこうだと訴えられる伝達手段、表現手段みたいなものがスケートにはあって。それをできるときこそ、幸せを感じるのかなと思いました。皆さんの前で滑る機会もなくなり、4回転アクセルとかスケーティングなどにずっと向き合っていくなかで、表現する機会がなかったりとか、自分の気持ちを発散する時間がなかったりとか……。そういうものがあったので、ある意味その時期にやった『春よ、来い』とか昔のプログラムたちに助けてもらったと思います。

――気持ちもどん底にまで落ちたからこそ、あらためて自分がやろうとしていたもの、表現したかったものに気がついたのですか？

　正直な話をすると、スケートが好きな理由がわからなくなっていた時があったんです。原点をたどれば、それは何か氷上での非日常的な感覚で、普通に陸上で生活しているのとはまったく違う感覚じゃないですか。やはり難しいことだから、それができたときの喜びみたいなものがたぶんあった。それに加えて、あの広いリンクをただひとりで滑り、皆さんが自分のことだけを見てくれる。その演技がいいと思ったらすごい歓声をくださるし、悪かったらそれなりの評価しかもらえない。たぶんその感覚が……すごく好きだったと思うんです。

　でもこうやってスケートを長くやってきて、それがだんだん薄れたというか、当然になってきてしまった。さらに、皆さんの期待に応えるとか、プレッシャーもすごくかかるようになってきた。ただ楽しいじゃなくて、緊張とか「失敗したらどうしよう」とか、そういったものが積み重なって背負うものが増えてきたなかで、楽しいと思う時間がなくなったというか……。アイスショーでもいい演技をしなきゃ、というプレッシャーを自分にかけていますし、そのためにたくさん練習もするけど、やっぱりそういう機会がないオフシーズンだったからこそ、余計に「なぜスケートが好きなんだろう」みたいな原点に回帰する思考になったのかなと思います。

――制限されることが多い状況だったからこそ、それに再び気がつけたのですね。

そうですね。やっぱり皆さんの前で滑る機会がなくて、4回転アクセルと向き合ってなかなかうまくいかないときがあったからこそでした。あの時は本当に自分の心の中がグジャグジャになって、頭もグジャグジャになって、もう何もできないみたいな……。普通だったらちょっとゲームをするなど気分転換をすればリフレッシュできて、「また頑張ろう」というふうになるけど、どうにもならなかったんです。それで何となく、「この気持ちで『春よ、来い』を滑りたいな」とすごく思ったんです。それで滑った時の感覚があまりにも幸せで、「ああ、これが自分の好きだったスケートなんだ」と思えたんです。それがなかったらたぶん、今、こんなにスケートに打ち込めてなかったと思います。

――もし4回転アクセルがなかったら、引退していたかもしれない？

間違いなくやめていたと思いますよ。平昌五輪のあとはモチベーションが以前ほどなかったので、もっと早く引退を考えていたと思います。

――でもその4回転アクセルという目標は無理やり作ったのではなく、もともとあった目標ですね。

そうですね。「小さい頃になんか言ってたな」っていう（笑）。あとはアクセルジャンプがすごく好きなので。だから何か爪痕は残したいなとすごく思っているんです。フィギュアスケート界の未来のためとか、日本スケート界のためとかいうことは関係なく、自己満足かもしれないけど、何か「自分の限界をこじ開けたいな」みたいなところでやっています。

――陸上の１００ｍでいえば、9秒58の世界記録を上回る9秒4台ですか？

たぶん１００ｍで8秒台を出したいと思っているようなものだと思います。本当に世界で誰もできないみたいな……。人間の限界って誰かが決められるものではないですし。科学的にはいろんなことが証明されてはいますが、個体差はいっぱいあるので。何か、一般常識を超えられるようなジャンプができたらと思っています。

――つらい思いをした時期の癒しになり、次のことを考えられた要因は何でしたか？

やっぱり家族と一緒にいられたことが大きかったと思います。かなり煮詰まっていたけど、家族がそばにいてくれて練習も含めて支えてくれた。スケーターとしての時間よりも、羽生家のただの末っ子みたいな感じでいられる時間が結構あったので、その時間が本当に癒しでした。わがままも言えるし、ただただ甘えられる時間というのが、すごく大切だったと思います。スケートを始める前と何ら変わらないような、本当に自分が自分でいられる空間にずっと身を置けたなと思います。

――そんなオフを過ごして出場した20－21年シーズンの3試合でしたが、どう考えていますか？

全日本選手権は試合のためにしっかり準備ができました。ただ、3月の世界選手権は全日本である意味、燃え尽きたじゃないですけど、「やり切ってしまったな」と思ったので。ただやっぱり、4回転アクセルを跳びたかったんです。ある程度感覚もよくなってきていて、「これはいけるんじゃないかな」とも思えたので2月終わりまで頑張ったけど、ギリギリ跳べなくて……。どうしようかなと考えて、「もうちょっと練習をしよう」と、もう試合を捨てる覚悟で練習を続けたんです。だからあの試合の結果は当然かなと思うけど、ただ枠取りにはしっかり貢献して、日本代表としてやることだけはやっていこうという気持ちでした。

――その頃を振り返ると、競技者としては100mで8秒台出したいと思うような、強い意欲を得られたのではないですか？

そうですね。自分の中ではある程度、タイトルはとり切ったと思っていますし、平昌五輪シーズンのように「絶対に北京五輪で金メダルをとりたいか」と言われたら、そんな気持ちはなく、とにかく自分の壁というか、一般常識の壁みたいなものを乗り越えたいと思っています。

――そんな1年間を振り返ってみるとどうですか？

今は本当に元気です。やっぱり世の中の情勢もだんだん変わってきているし、コロナというものに対してもどうやって付き合っていけばいいのかということも少しずつわかってきて。そのなかでできることも、アイスショーやスポーツの大会だったり、いろんなものが増えてきた。滑ることの幸せというのもまた見えてきましたし、その幸せのおかげで僕らもまた頑張っていられると思う。去年のあの頃に比べたらすごく元気です（笑）。何か、いろんな種類の多くのものを得られたと思います。本当にこれからの人生というか、これからもずっとスケートに携わっていく身として大切なもの、大きなものを学べたなというふうに思います。

夢を叶えるシーズンへ

21年7月、6年ぶりの出演となった「ドリーム・オン・アイス2021」ではロックナンバー『マスカレイド』を演じた。

「このプログラムは演じる機会がなかなかなかったのですが、ただあの頃とは違って、もっと大人になって、もっと表現したいこともあったりして。それに、もっと客観的に何かを感じてもらえるものが、この世の中だからこそ増えたんじゃないかなというふうに思い、自分の中で演じたいと、このプログラムを選びました」

このプログラムは、19年の「ファンタジー・オン・アイス」でX JAPANのボーカリストToshIとコラボレーションし、4公演で演じていた。その時は「最初から最後まで全開で滑らなくてはいけない、すごく体力を使うプログラム」と苦笑していた。

7月9〜11日の3日間4公演で、10日には2公演あるハードスケジュールだった。

「いろんなことを学ぶというよりも、皆さんに見てもらいたいという気持ちのほうが大きい場所です。自分の気持ちを全部詰め込んで、いい演技をしたい」

毎回、そんな思いを持って出演している「ドリーム・オン・アイス」は、多くの選手がシーズンへ向けて新プログラムを披露する場になっているが、常にこだわりを持って参加している。

「僕は何か『今シーズンはこれをやります』と披露する感じでやっていくのではなく、『ここで完成させるんだ』というくらいの勢いで、ずっと一生懸命やってきました」

21年4月の「スターズ・オン・アイス」に出演したあとは疲労を回復させながら21-22年シーズンへ向けて始動していたが、「ドリーム・オン・アイス」については例年以上のハードスケジュールだったため「身体をかなり作って、焦点を絞って練習をしなければいけないなと思っていた」。

また、試合に出るたびに「自分が演技をすることで何かを感じてもらえるのではないか」と考えて出演したアイスショーだからこそ、気持ちと体力を全開で演じる『マスカレイド』を選んだ。

「今シーズンは、自分の最大の夢に向かって全力で努力をしていきます。今日、この場所に、今の自分が持てるすべてのエネルギーをスケートに込めます」

最初から勢いよく滑り出し、そのあとの静寂なパートを滑り終えると、中盤のトリプルアクセルを迫力十分のジャンプで決め、そこから一気にエネルギーを爆発させる。最後は大きさとスピードのあるコンビネーションスピンで締めくくった。

演技後には、練習を続けている大技4回転アクセルについて語った。

「前シーズンから頑張ってきた身体をいたわりつつアクセルの基礎練習をして、4回転アクセルに向けて一から作り直す作業をしっかりできたと思うので、これからシーズンへ向けて本格的に練習をしていきたいなと思っています」

そして、21-22年シーズンのＧＰシリーズ出場をこう話した。

「試合自体がないと4回転アクセルを跳んでも意味がないと思うし、試合で決めたいという気持ちが強くあります。その機会を少しでも持てたらいいなと思い、ＧＰシリーズに出場させていただくことを決めました」

22年の北京五輪に関しては、ソチや平昌の時のように、「絶対に金メダルをとりたい」という気持ちではなく、4回転アクセル成功への道の半ばにあれば出場も考える。そのうえで「必ず、このシーズンで4回転アクセルを決めるんだという強い意志はあります。しっかりとその決意を持って、今シーズンに挑みたいと思っています」と明言した。

持ち続ける荒ぶる気持ち

20－21年シーズンのフリーを戦国武将・上杉謙信を描いた大河ドラマのテーマ曲『天と地と』にした理由がある。それは、その曲を聴いた時に「今の自分の気持ちと謙信公の考え方などに共通点がある」と感じたからだった。

上杉謙信は、以前から考え方や戦い方、生き方に憧れを抱く存在だった。義を重んじ、敵対する武田信玄にも尊敬の念をもって対峙した戦国武将。だが、敵対する武将だけではなく領国内の謀反にも心を痛め、戦いの意味を考えて最終的には出家までした。コロナ禍の孤独な環境に苦しみ、戦う意味に疑問まで感じて自問していた自身と、謙信の生きざまと悩みは似ていると感じた。戦いのなかでの移ろう謙信の心を表現することで、自らの戦いに対する今の気持ちも表現し、そこに4回転アクセルを入れることをイメージした。それこそが、自分が作り上げるべき究極のプログラムだ、と。

18年平昌大会で五輪連覇を果たし、「とるべきタイトルはすべてとった」。モチベーションがなくなったことを自覚するなかで、次の目標として4回転アクセル成功を掲げた。

だが、その挑戦はなかなか進展しなかった。

「平昌五輪後はケガの影響で世界選手権も出られなくて、それからジャンプを跳べない期間も長かった。そのなかで競技に対する向上心が、『4回転アクセルを跳ばないと意味がないかな』という気持ちになっていた。でもオータムクラシックで『こんなにも技術が足りない』という事実を突き付けられた感覚になって。やっぱり試合でいい演技ができると、練習を頑張ってきてよかったなと思える瞬間に立ち会え、喜びを感じることができる。4回転アクセルに取り組むのをやめるのは簡単じゃなかったですけど、それよりもやらなきゃいけないことがあると自覚した感じです」

こう話したのは、18年11月のGPシリーズフィンランド大会で優勝したあと。そして、その2週間後のロステレコム杯で右足首をねんざ。4回転アクセルの練習に取り組むことはさらに難しくなった。

2年続いた右足首のケガで「本当に大きく痛めてしまったから、より軽い衝撃でもケガをしてしまう可能性もあるし、同等な衝撃でもより大きなケガにつながると感じている」状態。19－20年シーズンにはそれまで以上にトライしたが、結局は導入するまでには至らなかった。

4回転アクセルの挑戦を、ただ降りるだけではなくGOE（出来ばえ点）加点をしっかりもらえるジャンプにしてこそ意味があると考えていたが、コロナ禍での練習を経験したことで、その思いにも徐々に変化が出てきた。「GOE加点をしっかりもらえる完璧なジャンプにするまでプログラムには入れない」というのが最終的な目標。だがそれを1回でも降りられたらプログラムに入れようと考え始めていた。

そして、全日本選手権で『天と地と』を完璧に近い形で演技できたことで、4回転アクセルを試合に導入し、成功させることへの思いは強くなった。そこからの3カ月間は、「何よりも4回転アクセルを降りたい。4回転アクセルとともに世界選手権へ行きたい」という気持ちで練習を重ねた。

最初から完璧な演技を披露しようとするのではなく、挑戦していく姿から見せてもいいのではないか。そのプレッシャーを全身で受け止め、必ず完成させる。それはこれまで見せ続けてきた、〝荒ぶる気持ち〟に火がついた証拠でもある。『天と地と』が、上杉謙信の戦いを、そして羽生結弦の戦いを表現しようとするプログラムに他ならないからだ。

21年3月の世界選手権でミスを連発し、フリーは182・20点で4位だったが下を向くことはなく、前向きだった。

翌月の世界国別対抗戦フリー終了後の公式練習では、『天と地と』の最初のジャンプのコースでの4回転アクセルに挑戦した。

「あの練習では全然ダメだったからこそ、またあらためていろんなことを考えさせられ、4回転アクセルの成功につながる道筋が見えてきたような感じがします。まずは洗練させてからじゃないと話にならないし、時間はかかるかもしれませんが、使える知識と知恵を全部使って挑み続けたいです。まずは4回転アクセルではなく、アクセルジャンプと向き合いながら4回転アクセルを目指したいと思っています」

21－22年シーズンは、11月12日からのＮＨＫ杯をシーズン初戦に予定している。練習拠点をトロントに戻すのではなく、国内残留を選んだ。4回転アクセルの完成のための判断だ。

シニア移行からの11シーズン、常に進化を求め、進化し続けてきた。「4回転アクセルが入ると印象が全然違う」という『天と地と』の完成を目指し、今、フィギュアスケート人生の新章に向けて突き進み始めた。

おわりに

羽生結弦を取材するようになって最初にすごいと感じたのは、彼がメディアに向けて明確な言葉で受け答えをすることだった。ジュニアからシニアに上がったばかりにもかかわらず、冷静に自分の演技を振り返り、それをしっかり自分の言葉で伝える。自分がやりたかったこと、やりたいこと。そして、他の選手との技術などの比較でも、自分に足りないものを明らかにして気持ちを隠すことなく素直に話していた。

さらに印象的だったのは、そんなやり取りを彼自身が本当に楽しんでいることだった。ある試合後の取材で、「メディアの方々に囲まれて話をするようになってからは、自分の演技を振り返りながら話すことができる。自分はいろいろ分析するのが好きだけど、こういう場があるから自分のことをさらに分析できるし、いろんな視点から質問が来るからその方向からも考えることができる。それはすごくありがたいことだと毎回思っている」と話した。

またあるときは、「氷上練習の時間は他の選手に比べるとすごく少ないと自負していますが、それで僕の特徴でもある他の勉強というか、いろいろな理論の研究に費やす時間も取れている。テレビなどでもいろんな選手のインタビューを聞いたり、他競技のアスリートの特集番組などを見たりしても勉強になるところがたくさんある。そういったことをスケートに反映できるということが、僕が持っている一番の武器だと思います」とも話していた。

さまざまな情報を取り入れ、自分の競技に生かそうとする姿勢。だからこそ自分の思いも明確に伝える〝対話する力〟も身についたのだろう。

取材のなかでも、彼のフィギュアスケートに対する思いを感じ取ることができた。ジャンプへの思いや、進化への希求。基礎点が高くなる演技後半に得点源となる連続ジャンプを組み込んでくる構成で、高得点へ挑戦する意識の強さ。プログラム使用曲を決めた理由や狙い、どういう表現を目指しているかという思いを丁寧に説明するなど、さまざまな情報を与えてくれた。

表現の幅を広げるためにピアノ曲の『バラード第1番ト短調』を選んだ２０１４－２０１５年シーズン、「滑りの姿勢だけではなく、スピンもどうすればうまく見せられるかを考え、試合でも少しずつ変わっていきたい」と話したあとには、こうも言った。

「でも、プラスアルファでジャンプがある。僕にとって一番の得点源のジャンプが一番大事ということは揺るがない。ジャンプこそが曲を表現できるもっともダイナミックなものだと思うので、大事にしつつ、力の抜き方、メリハリをいかにうまく使えるかが今後の自分の大きな課題です。フィギュアスケートをする表現者として、どれだけうまくできるかということを追求するのは、明確な答えがなく、それがすごく楽しいことだと思います」

競技性と芸術性を併せ持つ競技は他にもあるが、ジャッジシステムを含めて共通した難しさも持っている。競技性を追求すれば芸術性がおろそかになってしまい、逆に芸術性を重視すれば、競技性は進化しなくなる。そのバランスをとりながらどうやって進化させていくかが、課題だ。

だからこそ、競技性の象徴ともいえる高難度ジャンプを「それこそが曲を表現できるもの」と言い切ることは、競技性と芸術性のどちらも進化させ、フィギュアスケートをより魅力的なものにしたいとの強い思いの表われだと感じた。ジャンプ単体の美しさだけではなく、各要素間のつなぎへのこだわりも、GOE（出来ばえ点）加点の上積みを意識するとともに、ジャンプを揺るぎない流れのなかで表現に組み込み、そして、音と調和させる。

自身の理想とするフィギュアスケートを追求することの思いを彼の言葉として聞きながら、その演技を実際に見続けてこられたことは、この上なく幸せなことだ。

『バラード第1番ト短調』に加え、〝和〟の表現に挑戦した『SEIMEI』でより深まった滑りと表現の調和への思い。それが『天と地のレクイエム』や『ホープ＆レガシー』でひとつの形となって結実した。17年世界選手権で完璧に演じた『ホープ＆レガシー』は、彼が目指していた、曲の音色とともに彼自身が、風や木や水に溶け込んで舞い続けているような演技だった。

さらにケガによる長いブランクからの挑戦となった18年平昌《ピョンチャン》五輪のSP『バラード第1番ト短調』の、自分を冷静に見つめて長年付き合ってきたジャンプを信頼した演技。「あぁ、これが羽生結弦のジャンプだ。これが、羽生結弦がこだわったバラードだ」と、心の底から思えた。

その後も追求を続け、感動的な演技を見せ続けてくれる羽生。その演技の数々を思い出すたびに、彼との取材での対話のなかから、いかにフィギュアスケートを学ばせてもらえたかという思いがあらためて湧き上がる。羽生結弦と時代をともにできている幸運に、心から感謝したい。

スポーツジャーナリスト　折山淑美

羽生結弦　シニア主要大会成績

【2010－2011年シーズン】

10年10月　GPシリーズ・NHK杯（名古屋）4位　SP69・31点　フリー138・41点　合計207・72点

10年11月　GPシリーズ・ロステレコム杯（ロシア・モスクワ）7位　SP70・24点　フリー132・42点　合計202・66点

10年12月　全日本選手権（長野）4位　SP78・94点　フリー141・12点　合計220・06点

11年2月　四大陸選手権（台湾・台北）2位　SP76・43点　フリー151・58点　合計228・01点

【2011－2012年シーズン】

11年9月　ネーベルホルン杯（ドイツ・オーベルストドルフ）優勝　SP75・26点　フリー151・00点　合計226・26点

11年11月　GPシリーズ・中国杯（中国・上海）4位　SP81・37点　フリー145・16点　合計226・53点

11年11月　GPシリーズ・ロステレコム杯（ロシア・モスクワ）優勝　SP82・78点　フリー158・88点　合計241・66点

11年12月　GPファイナル（カナダ・ケベックシティ）4位　SP79・33点　フリー166・49点　合計245・82点

11年12月　全日本選手権（門真）3位　SP74・32点　フリー167・59点　合計241・91点

12年3月　世界選手権（フランス・ニース）3位　SP77・07点　フリー173・99点　合計251・06点

【2012－2013年シーズン】

12年10月　フィンランディア杯（フィンランド・エスポー）優勝　SP75・57点　フリー172・56点　合計248・13点

12年10月　GPシリーズ・スケートアメリカ（アメリカ・ケント）2位　SP95・07点　フリー148・67点　合計243・74点

12年11月　GPシリーズ・NHK杯（利府）優勝　SP95・32点　フリー165・71点　合計261・03点

12年12月　GPファイナル（ロシア・ソチ）2位　SP87・17点　フリー177・12点　合計264・29点

12年12月　全日本選手権（札幌）優勝　SP97・68点　フリー187・55点　合計285・23点

13年2月　四大陸選手権（大阪）2位　SP87・65点　フリー158・73点　合計246・38点

13年3月　世界選手権（カナダ・ロンドン）4位　SP75・94点　フリー169・05点　合計244・99点

【2013-2014年シーズン】

13年10月　フィンランディア杯（フィンランド・エスポー）優勝　SP84・66点　フリー180・93点　合計265・59点
13年10月　GPシリーズ・スケートカナダ（カナダ・セントジョン）2位　SP80・40点　フリー154・40点　合計234・80点
13年11月　GPシリーズ・エリック・ボンパール杯（フランス・パリ）2位　SP95・37点　フリー168・22点　合計263・59点
13年12月　GPファイナル（福岡）優勝　SP99・84点　フリー193・41点　合計293・25点
13年12月　全日本選手権（さいたま）優勝　SP103・10点　フリー194・70点　合計297・80点
14年2月　ソチ五輪（ロシア・ソチ）優勝　SP101・45点　フリー178・64点　合計280・09点
14年3月　世界選手権（さいたま）優勝　SP91・24点　フリー191・35点　合計282・59点

【2014-2015年シーズン】

14年11月　GPシリーズ・中国杯（中国・上海）2位　SP82・95点　フリー154・60点　合計237・55点
14年11月　GPシリーズ・NHK杯（大阪）4位　SP78・01点　フリー151・79点　合計229・80点
14年12月　GPファイナル（スペイン・バルセロナ）優勝　SP94・08点　フリー194・08点　合計288・16点
14年12月　全日本選手権（長野）優勝　SP94・36点　フリー192・50点　合計286・86点
15年3月　世界選手権（中国・上海）2位　SP95・20点　フリー175・88点　合計271・08点

【2015-2016年シーズン】

15年10月　オータムクラシック（カナダ・バリー）優勝　SP93・14点　フリー184・05点　合計277・19点
15年10月　GPシリーズ・スケートカナダ（カナダ・レスブリッジ）2位　SP73・25点　フリー186・29点　合計259・54点
15年11月　GPシリーズ・NHK杯（長野）優勝　SP106・33点　フリー216・07点　合計322・40点
15年12月　GPファイナル（スペイン・バルセロナ）優勝　SP110・95点　フリー219・48点　合計330・43点
15年12月　全日本選手権（札幌）優勝　SP102・63点　フリー183・73点　合計286・36点
16年3月　世界選手権（アメリカ・ボストン）2位　SP110・56点　フリー184・61点　合計295・17点

【2016-2017年シーズン】

16年9月　オータムクラシック（カナダ・モントリオール）優勝　SP88・30点　フリー172・27点　合計260・57点
16年10月　GPシリーズ・スケートカナダ（カナダ・ミシサガ）2位　SP79・65点　フリー183・41点　合計263・06点

16年11月　ＧＰシリーズ・ＮＨＫ杯（札幌）優勝　ＳＰ１０３・89点　フリー１９７・58点　合計３０１・47点
16年12月　ＧＰファイナル（フランス・マルセイユ）優勝　ＳＰ１０６・53点　フリー１８７・37点　合計２９３・90点
17年２月　四大陸選手権（韓国・江陵）２位　ＳＰ97・04点　フリー２０６・67点　合計３０３・71点
17年３月　世界選手権（フィンランド・ヘルシンキ）優勝　ＳＰ98・39点　フリー２２３・20点　合計３２１・59点

【２０１７－２０１８年シーズン】
17年９月　オータムクラシック（カナダ・モントリオール）２位　ＳＰ１１２・72点　フリー１５５・52点　合計２６８・24点
17年10月　ＧＰシリーズ・ロステレコム杯（ロシア・モスクワ）２位　ＳＰ94・85点　フリー１９５・92点　合計２９０・77点
18年２月　平昌五輪（韓国・平昌）優勝　ＳＰ１１１・68点　フリー２０６・17点　合計３１７・85点

【２０１８－２０１９年シーズン】
18年９月　オータムクラシック（カナダ・オークビル）優勝　ＳＰ97・74点　フリー１６５・91点　合計２６３・65点
18年11月　ＧＰシリーズ・フィンランド大会（フィンランド・ヘルシンキ）優勝　ＳＰ１０６・69点　フリー１９０・43点　合計２９７・12点
18年11月　ＧＰシリーズ・ロステレコム杯（ロシア・モスクワ）優勝　ＳＰ１１０・53点　フリー１６７・89点　合計２７８・42点
19年３月　世界選手権（さいたま）２位　ＳＰ94・87点　フリー２０６・10点　合計３００・97点

【２０１９－２０２０年シーズン】
19年９月　オータムクラシック（カナダ・オークビル）優勝　ＳＰ98・38点　フリー１８０・67点　合計２７９・05点
19年10月　ＧＰシリーズ・スケートカナダ（カナダ・ケロウナ）優勝　ＳＰ１０９・60点　フリー２１２・99点　合計３２２・59点
19年11月　ＧＰシリーズ・ＮＨＫ杯（札幌）優勝　ＳＰ１０９・34点　フリー１９５・71点　合計３０５・05点
19年12月　ＧＰファイナル（イタリア・トリノ）２位　ＳＰ97・43点　フリー１９４・00点　合計２９１・43点
19年12月　全日本選手権（渋谷）２位　ＳＰ１１０・72点　フリー１７２・05点　合計２８２・77点
20年２月　四大陸選手権（韓国・ソウル）優勝　ＳＰ１１１・82点　フリー１８７・60点　合計２９９・42点

【２０２０－２０２１年シーズン】
20年12月　全日本選手権（長野）優勝　ＳＰ１０３・53点　フリー２１５・83点　合計３１９・36点
21年３月　世界選手権（スウェーデン・ストックホルム）３位　ＳＰ１０６・98点　フリー１８２・20点　合計２８９・18点

出典一覧

『web Sportiva』

『Sportiva　ソチ五輪・速報&総集編』(集英社、2014年)

『Sportiva　羽生結弦から始まる時代』(集英社、2015年)

『Sportiva　羽生結弦 新たなる飛翔』(集英社、2015年)

『Sportiva　羽生結弦 いざ、決戦のシーズン』(集英社、2017年)

『Sportiva　平昌オリンピック特集号』(集英社、2018年)

『Sportiva　羽生結弦 新世界を拓く』(集英社、2018年)

『Sportiva　羽生結弦は超えていく』(集英社、2019年)

『Sportiva　羽生結弦 新しい風』(集英社、2021年)

『Quadruple 2015』(スキージャーナル、2014年)

『Crystalline　No.22』(アイスクリスタル、2014年)

『Crystalline　No.33』(アイスクリスタル、2018年)

『Crystalline　No.39』(アイスクリスタル、2021年)

「ファンタジー・オン・アイス2014」プログラム

「ファンタジー・オン・アイス2015」プログラム

「ファンタジー・オン・アイス2018」プログラム

「ドリーム・オン・アイス2021」プログラム

羽生結弦 Hanyu Yuzuru

1994年12月7日、宮城県仙台市生まれ。全日本空輸（ANA）所属。幼少期よりスケートを始める。2010年世界ジュニア選手権男子シングルで優勝。13〜16年のGPファイナルで4連覇。14年ソチ五輪、18年平昌五輪で連続金メダル獲得の偉業を達成。18年個人最年少での国民栄誉賞を受賞。20年には四大陸選手権で優勝し、ジュニアとシニアの主要国際大会を完全制覇する「スーパースラム」を男子で初めて達成した。

撮影　能登 直（a presto）
構成　折山淑美
ブックデザイン　細山田光宣＋鈴木沙季（細山田デザイン事務所）
DTP　横村 葵

羽生結弦　未来をつくる

2021年10月31日　第1刷発行

著者　羽生結弦　折山淑美

発行者　安藤拓朗

発行所　株式会社　集英社
〒101-8050　東京都千代田区一ツ橋 2-5-10
電話　編集部　03-3230-6206
　　　販売部　03-3230-6393（書店専用）
　　　読者係　03-3230-6080

印刷所　凸版印刷株式会社

製本所　加藤製本株式会社

ISBN978-4-08-790057-6　C0075